LOS CHACRAS

LOS CHACRAS

CHRISTIAN ROSSEL

C/ Primavera, 35
Polígono Industrial El Malvar
28500 Arganda del Rey
MADRID-ESPAÑA
www.edimat.es

ISBN: 978-84-9764-432-7
Depósito legal: M-20895-2009

Colección: Enigmas de las ciencias ocultas
Título: Los Chacras
Autor: Christian Rossel
Diseño de cubierta: Juan Manuel Domínguez
Impreso en: Artes Gráficas Cofás

IMPRESO EN ESPAÑA – *PRINTED IN SPAIN*

CHACRAS

Nos referimos a ellos como aquellos centros de energía situados en el cuerpo humano, y posiblemente de otros animales, de los cuales fluye la energía de la mente. Provenientes de la palabra sánscrita que significa rueda o vórtice, hacen referencia a los siete centros de energía que componen nuestra conciencia y nuestro sistema nervioso. Los podemos encontrar situados en las cejas, el corazón, el pecho, los genitales, el ombligo y en la base de la columna vertebral.

Funcionando como verdaderos centros energéticos, al igual que una bomba o válvula, regulan el flujo de la energía a través de nuestro sistema orgánico, condicionando las decisiones que tomamos para reaccionar ante las circunstancias de nuestra vida. De una manera intuitiva y frecuentemente voluntaria, abrimos y cerramos estas válvulas para decidir cómo debemos sentir, asimilar y pensar, algo que logramos escogiendo el adecuado filtro perceptivo a través del que queremos experimentar el mundo que nos rodea.

Para los budistas solamente hay cuatro chacras, pero otras tendencias, como la tibetana, nos describen un total de seis, y llegan hasta siete en el tantrismo hinduista. Para todos, sin embargo, los chacras no son físicos y los consideran como aspectos de nuestra conciencia, como las auras, pero más densos y con capacidad para interaccionar con el cuerpo físico a través de dos vehículos principales: el sistema endocrino y el sistema nervioso.

¿QUÉ SON?

Cada uno de los siete chacras, o cuatro, o seis, está asociado a una de las siete glándulas endocrinas, y a su vez con el grupo de nervios concentrados en el plexo solar. De este modo, cada chacra puede asociarse a partes y funciones concretas del cuerpo controladas por el plexo o por la glándula endocrina asociada a dicho chacra. También existe otra clasificación, en la cual podemos englobar a los cinco sentidos corporales, las percepciones extrasensoriales y anímicas, los posibles estados de conciencia que nos permiten llegar a comprender los secretos de la existencia y cualquier otra cosa que podamos experimentar. Esto se clasifica en siete categorías, cada una asociada a un chacra en concreto.

Esencialmente, y esto debe quedar claro, los chacras no sólo representan unas partes concretas del cuerpo físico, sino también zonas concretas de la conciencia. La conciencia, según entendemos, es aquello que denota varios factores esenciales en la experiencia moral, como el reconocimiento y aceptación de un principio de conducta obligada. Este concepto es diferente para la teología y ética, pues hace referencia al sentido inherente de lo bueno y lo malo en las elecciones morales, al igual que a la satisfacción que sigue cuando efectuamos algo correcto, o bueno, y a la insatisfacción y remordimiento que resulta de una conducta que se considera mala. En las teorías éticas antiguas, sin embargo, la conciencia se consideraba como una facultad mental autónoma que tiene jurisdicción moral, bien absoluta o como reflejo de Dios en el alma humana.

Cuando se siente tensión en la conciencia, se percibe en el chacra asociado a esa parte de la conciencia y, a su vez, en las zonas del cuerpo físico que están relacionadas con ese chacra. De dónde sintamos el estrés dependerá de por qué sentimos ese estrés. La tensión del chacra la detectan los nervios del plexo solar relacionados con ese chacra y la transmiten a las zonas del cuerpo que están controladas por ese plexo. Hay que señalar que ese centro nervioso está situado dos dedos por debajo del ombligo, y supone el centro de la energía para muchas filosofías orientales.

Cuando la tensión se mantiene durante un período de tiempo, o a un nivel de intensidad determinado, la persona crea un síntoma a nivel físico. Sería lo que denominamos como enfermedad psicosomática, pues son los problemas emocionales los que desencadenan los síntomas y, posteriormente, las enfermedades.

El síntoma muestra un lenguaje específico que refleja la idea de que cada uno de nosotros crea su propia realidad, y el significado metafórico del síntoma se hace patente cuando éste es descrito desde ese punto de vista. Por tanto, en lugar de decir «no puedo ver», la persona debería describir esa sensación como una carencia para ver algo concreto, pues es obvio que cerrando los ojos —aun cuando no veamos nada— no podemos considerar que no vemos. «No puedo andar» significa que esa persona se abstiene de caminar para alejarse de una situación en la que es infeliz, pero realmente dispone de la facultad de caminar. Y así sucesivamente.

El síntoma sirve para comunicar a la persona a través de su cuerpo sobre lo que está ocurriendo en su conciencia. Si, al comprender el mensaje que ha enviado el síntoma, la persona cambia algo de su forma de ser, ese síntoma ya no tiene razón de existir y puede ser liberado, siempre que la persona se permita a sí misma creer que es posible.

La conclusión es que:

- Nosotros creemos que todo es posible.
- Creemos que todo puede curarse. Simplemente se trata de cómo hacerlo.

CLARIFICANDO IDEAS

Entender los chacras permite entender la relación entre nuestra conciencia y nuestro cuerpo y, de este modo, nos permite ver nuestro cuerpo como un mapa de nuestra conciencia. Nos aporta una mejor comprensión de nosotros mismos y de todo lo que nos rodea.

Para el hinduismo, *chacras* significa «ruedas» o centros de energía y, según esta creencia, el cuerpo está atravesado por un canal, *nadi*, situado en la región de la base del ano y que llega por la columna vertebral hasta la coronilla de la cabeza o *sushumna*. A cada lado de éste hay otros dos canales que van por los orificios de la nariz hasta la base del sushumna, y los chacras están situados a lo largo de este eje.

El número y colocación de los chacras puede variar, aunque la interpretación más aceptada es la contenida en el *Kubjikamata tantra*. En este sistema los chacras están situados en la región anal, los órganos genitales, el ombligo, el corazón, los ojos, la garganta y en la coronilla de la cabeza. La zona denominada como «loto de mil pétalos» es la comprendida entre ambos ojos. El poder o *shakti* reside en el chacra base y, una vez activado o despertado, sube hasta el loto de mil pétalos, atravesando los chacras a medida que desciende. Luego se une con Siva y es cuando el practicante alcanza la felicidad por haber logrado la unión absoluta.

En el *Yoga Kundalini* cada chacra se visualiza y se dibuja como el loto, cada uno con un número específico de pétalos, un color determinado, y está asociado con una deidad y mantra.

Por todo ello, vemos que el término chacras designa aquellos lugares del campo áurico humano donde se produce el torbellino energético. La anatomía de los chacras está descrita en la literatura tántrica india y tibetana, y en los trabajos de C. W. Leadbeater y otros investigadores modernos, como S. Karagulla, R. Bruyere y B. Brennan. La palabra chacra es la figura más parecida a los principales centros de fuerza, el centro de ellos que actúa como eje, alrededor del cual giran estructuras en forma de pétalos.

Aunque existen diferencias entre estos autores, la mayoría de ellos concuerdan en la existencia de siete grandes chacras en el campo áurico humano.

Bárbara Brennan los describió como remolinos en forma de conos que apuntan hacia la principal corriente de poder, y su parte posterior se extiende hacia cada una de las siete capas de los campos en los que están ubicados. A esos centros de energía, o chacras, se les han adjudicado muchas funciones:

- Asimilación de la energía para el campo energético humano.
- Relación de las funciones psicológicas.
- Percepciones de alta sensibilidad.
- Puertas a otras realidades.
- Suponen una base para cada capa energética.

La energía se transmite desde una capa a la próxima a través de aberturas en las puntas de los chacras. Como los chacras sirven para revitalizar el cuerpo, están relacionados con todas las patologías del cuerpo; por ello, cada chacra ha sido asociado a una glándula endocrina y un plexo nervioso principal. Los chacras absorben la energía universal o primaria (llamada ch'i, prana, orgone, etc.), la cual se divide en sus partes componentes y luego es enviada a través de los pasillos llamados nadis hasta el sistema nervioso, las glándulas endocrinas y luego a la sangre para alimentar el cuerpo.

La siguiente tabla muestra los siete principales chacras y el área del cuerpo que ellos alimentan. Además muestra los colores de los chacras como aparecen ante la percepción de alta sensibilidad del segundo nivel del campo.

LOS SIETE CHACRAS DEL CUERPO HUMANO

	CHACRA	COLOR	GLÁNDULA ENDOCRINA	ÁREA DEL CUERPO QUE ALIMENTA
1	Base	Rojo	Suprarrenales	Columna vertebral-riñones
2	Sacral	Anaranjado	Gónadas	Sistema reproductivo-Sistema inmunológico
3	Plexo solar	Amarillo	Páncreas	Estómago, hígado, vesícula biliar, bazo, páncreas, sistema nervioso
4	Corazón	Verde	Timo	Área del corazón, sistema circulatorio, nervio vago
5	Garganta	Azul	Tiroides	Garganta, pulmones, oídos
6	Cabeza	Índigo	Pituitaria	Cabeza, cerebro inferior, ojo izquierdo
7	Corona	Violeta-blanco	Pineal	Cerebro superior, ojo derecho

OTRAS DEFINICIONES DE UN CHACRA

- Es un centro energético que tiene varias interpretaciones, dependiendo del movimiento esotérico.

- Los chacras son en la terminología esotérica una palabra esencial, igual que en todos los demás movimientos similares, como el ser, la salud mental, autorrealización, etc.
- Un chacra es un vórtice de sustancia etérica, que se forma entre la energía del cuerpo y la energía que lo rodea. Desde esta perspectiva los chacras no tienen mucha importancia.
- Los chacras son centros etéricos que ejercen gran influencia en la salud y el bienestar de las personas. Por eso tienen mucha importancia en los métodos de sanación espiritual.
- Los chacras son centros astrales de energía, y manejan el fluido de la energía entre las calidades cósmicas y el hombre.
- Los chacras etéricos son un puente entre el mundo astral y el mundo terrenal.
- Los chacras son centros de fuerza con poderes mágicos, y transmiten a las personas posibilidades especiales.

En muchos casos estas explicaciones se confunden un poco y por eso no existe una clara definición del término.

PARA PROFUNDIZAR UN POCO MÁS

Los chacras o centros de energía son puntos de conexión a través de los cuales fluye la energía desde un «vehículo», o cuerpo humano, a otro. Cualquier persona que tenga algo desarrollado el don de la clarividencia puede visualizar los chacras fácilmente en el cuerpo etérico, los cuales aparecen como un vórtice. Cuando están poco desarrollados se asemejan a un círculo pequeño, de dos pulgadas aproximadamente, y tienen un color opaco; en una persona medio despierta y animada son relucientes, brillantes remolinos, que aumentaron bastante su masa y aparecen como soles pequeñitos. A veces se dice que tienen su correspondencia en algunos órganos físicos, pero en verdad están por encima del cuerpo etérico, que se eleva un poco sobre el cuerpo físico. Cuando miramos un capullo de flor tenemos una idea simbólica de la forma general de los chacras. El tallo de la flor crece en un punto de la columna, y así podemos imaginarnos que la columna es el tronco principal de donde crecen, a una distancia determinada, flores, que abren su capullo encima del cuerpo etérico.

CHACRA UNO:

Tierra, identidad física orientada a la autoconservación

Localizado en la base de la espina dorsal, este chacra forma nuestras raíces. Representa el elemento tierra y se relaciona, por consiguiente, con nuestros instintos de supervivencia, y nuestro sentido de conectar con la tierra para unir nuestros cuerpos con el plano físico. Con suerte, este chacra nos trae la salud, prosperidad, seguridad y la presencia dinámica.

CHACRA DOS:

Agua, identidad emocional orientada a la autosatisfacción

El segundo chacra, localizado en la parte baja del abdomen y cerca de los órganos sexuales, se relaciona con el elemento agua, las emociones y la sexualidad. Nos conecta a otras personas a través de los sentimientos, el deseo, sensaciones y movimiento. Con suerte, este chacra nos trae fluidez y dones, profundidad de sentimiento, esplendor sexual y habilidad para aceptar el cambio.

CHACRA TRES:

Fuego, identidad del ego orientada a la autodefinición

Este chacra es conocido como el chacra del poder, localizado en el plexo solar. Gobierna nuestro poder personal, amor y autonomía, así como nuestro metabolismo. Cuando está saludable, este chacra nos trae energía, efectividad, espontaneidad y poder no dominante.

CHACRA CUATRO:

Viento, la identidad espiritual, social, orientada a la autoaceptación

Este chacra se llama chacra del corazón y es el chacra del medio en un sistema de siete. Se relaciona con el amor y es el integrador opuesto a la psique: es la mente y el cuerpo, varón y hembra, la persona y su sombra, el ego y la unidad. Un cuarto chacra saludable nos permite amar profundamente, sentir compasión y tener un sentido profundo de paz y centralización.

CHACRA CINCO:

Sonido, la identidad legítima, creativa, orientada a la autoexpresión

Éste es el chacra localizado en la garganta y se relaciona así con la comunicación y la creatividad. Aquí nosotros experimentamos el mundo simbólicamente a través de la vibración, pues la vibración del sonido representa el idioma.

CHACRA SEIS:

Luz, identidad del arquetipo orientada a la autorreflexión

Este chacra es conocido como el chacra de la frente o tercer centro del ojo. Se relaciona con el sentido de la vista, física e intuitivamente. Como tal, abre nuestras facultades psíquicas y nuestra comprensión de los niveles del arquetipo, el modelo original, soberano y eterno, que sirve de ejemplo. Cuando está saludable nos permite ver claramente.

CHACRA SIETE:

Pensamiento, identidad universal orientada al autoconocimiento

Éste es el chacra de la corona que relaciona a la conciencia con el puro conocimiento. Es nuestra conexión con el mundo del más allá, con lo eterno, en un pequeño espacio que nos hace más inteligentes. Cuando está desarrollado, nos trae conocimiento, sabiduría, conexión comprensiva, espiritual y beatitud.

LA TRADICIÓN HINDÚ RECONOCE 7 CHACRAS PRINCIPALES:

- Muladhara chacra (chacra básico)
- Svadhistana chacra (chacra genital)
- Manipura chacra (chacra del ombligo)
- Anahata chacra (chacra del corazón)
- Vishuddha chacra (chacra del cuello)
- Ajna chacra (chacra de la voluntad)
- Sahasrara chacra (chacra coronario)

Los teósofos agregaron en su «enseñanza secreta» varios más:

- Chacra del bazo, que es más o menos igual al svadhistana chacra.
- El chacra del paladar (fuente de amrita = néctar), que no tiene una gran importancia.
- Además, los teósofos reconocen tres chacras más en la zona de la frente: el Ajna chacra, el chacra de la

frente (con doce hojas) y uno pequeño encima del chacra de la frente.

LOS CHACRAS: MATIZACIONES

Dentro de cada cuerpo viviente, tanto en el aspecto sutil como en lo físico, se dice que hay una serie de campos de energía o centros de conciencia que en las enseñanzas tántricas tradicionales se llaman chacras. Básicamente, están divididos en dos:

1. Ruedas.
2. Lotos.

Se dice que están localizados a lo largo de, o simplemente delante de, la espina dorsal, aunque pueden expresarse externamente en ciertos puntos a lo largo de la parte frontal del cuerpo (ombligo, corazón, garganta, etc.). Asociada con estos chacras hay una energía sutil latente, llamada Kundalini en Shaktism, y tumo en el Tibetan Tantra budista.

Las especulaciones y enseñanzas acerca de los chacras tienen significados independientes según queramos darles un sentido religioso, espiritual, yogui, en cualquiera de las tradiciones ocultas de la India, China y Occidente. Aunque tienen ciertos puntos básicos en común, éstos también difieren en muchos detalles. Nosotros tenemos varios chacras y doctrinas diferentes que se han desarrollado en tradiciones esotéricas distintas con mayor o menor integridad, aunque hay algunos matices; por ejemplo:

1. Parece que hoy día casi todos lo pronunciamos como «sharkra», y el origen de esta pronunciación particular es incierto, pero el hecho es que proviene de la palabra sánscrita cakra, y dependiendo del acento podemos pronunciarla como «cha-kra» o «cho-kro». De cualquier modo, «chacra» no tiene nada que ver con «sharkra».
2. El uso moderno del término chacra —rueda— exige eso que en la terminología yoga se conoce como percepción del clarividente, pero no existe ninguna prueba de que los maestros tántricos lo consideraron así e incluso que lo hayan experimentado de esta manera.

PRIMERAS DOCTRINAS RESPECTO A LOS CHACRAS

La idea de la fuerza vital sutil *(prana)* y los cauces a lo largo de los que fluye *(nadis)* aparecen en muchos escritos antiguos procedentes de los siglos VII-VIII a.C. Se decía que el corazón era el centro de los 72.000 nadis o cauces sutiles, y el lugar en el que los sentidos se retiran durante el sueño. Como en muchas civilizaciones antiguas (por ejemplo, Egipto, Grecia homérica), el corazón también fue considerado el asiento del despertar de la conciencia.

Pero su mayor difusión y claridad las encontramos en los primeros años del siglo II a.C. y el II d.C., cuando algunos escritos hacen referencia a los primeros conceptos tántricos básicos como chacras, mantras, y así sucesivamente.

El *Brahma-Upanishad* señala que los cuatro «lugares» ocupados por el purusha (alma) son:

1. El ombligo.
2. El corazón.
3. La garganta.
4. La cabeza.

Siguiendo la tradición común, cada lugar es caracterizado por un estado particular de conciencia:

1. El ombligo (o el ojo) despertándose a la conciencia.
2. El corazón durmiendo.
3. La garganta soñando.
4. La cabeza, o condición trascendente.

Estos cuatro estados originalmente se asocian en el *Mandukya Upanishad* con los dioses Brahma, Vishnu, Rudra (un derivado de Shiva) y Akshara (el indestructible). También con Mircea Eliade, el Yoga, la Inmortalidad y la Libertad.

El *Yogatattva Upanishad* habla de las cinco partes del cuerpo que corresponden a los cinco grandes elementos cósmicos: tierra, agua, metal, aire y espacio. Cada elemento corresponde a un mantra particular, esto es, una semilla o vibración, mediante una palabra mística que producirá un efecto determinado. Particularmente da énfasis al *siddhis* (el impulso supernormal), algo que puede lograrse a través del dominio del yoga y de otros elementos diferentes.

LA TEORÍA BUDISTA TIBETANA SOBRE LOS CHACRAS

El budismo tántrico (o vajrayana) habla de unas etapas, aunque desarrollaron una versión bastante diferente de los chacras.

El budismo tibetano reconoce cuatro esenciales (ombligo, corazón, garganta y cabeza), aunque luego menciona cinco, siete, o incluso diez chacras o «ruedas del cauce»; cada uno con un número diferente de «rayos». El chacra del ombligo, por ejemplo, tiene sesenta y cuatro rayos, el chacra del corazón ocho, el de la garganta dieciséis (el único que coincide con el esquema hindú), y la cabeza o chacra de la corona treinta y dos. Hay también, como en *Laya-yoga*, un sistema detallado de correspondencias. Es significativo que en este sistema es la cabeza-centro, y no, como en muchas interpretaciones occidentales de tantra hindú, el perineal o la base, el que está asociado con el cuerpo y las conclusiones físicas. El centro de la garganta representa un estado más sutil de conciencia, el estado de sueño; y el corazón es el centro más refinado de todos, la meditación profunda, los que duermen, las deidades pacíficas y la Luz Clara.

En lugar de Kundalini, la referencia que hacen es respectivamente a las «gotas» sutiles rojas y blancas en el ombligo y chacras de la cabeza, aunque a veces se mencionan otras gotas. A través de la disolución de estas gotas y de los distintos vientos sutiles, en el cauce central se logra la conciencia trascendente, algo que solamente se consigue con el yoga avanzado, pero también en el momento de la muerte. Esto constituye el fenómeno conocido como la «Luz Clara».

CHACRAS MENORES

Existen cientos de puntos de energía dentro del cuerpo físico y alrededor de él, inclusive dentro de los vehículos mental, emocional y espiritual. Los más importantes de estos chacras estarían en las manos y en los pies.

También encontramos dentro del cuerpo físico y alrededor de él, dentro de los vehículos mental, emocional y espiritual, cientos de puntos de energía, llamados chacras menores, de los cuales los más importantes son los que se encuentran en las manos y los pies.

Los chacras se dividen en tres grupos: superior, medio e inferior o, respectivamente: espiritual, personal y fisiológico.

Los chacras primero y segundo tienen la función de transferir al cuerpo dos fuerzas procedentes del plano físico. Una es el fuego serpentino de la tierra y la otra la vitalidad del sol.

Los centros tercero, cuarto y quinto están relacionados con las fuerzas que por medio de la personalidad recibe el ego. El tercero las transfiere a la parte inferior del cuerpo astral, el cuarto a la parte superior de este mismo cuerpo y el quinto por el cuerpo mental.

Todos alimentan ganglios nerviosos del cuerpo denso. Los centros sexto y séptimo están relacionados con el cuerpo pituitario y la glándula pineal, y se ponen en acción cuando se alcanza cierto grado de espiritualidad.

Ahora vamos a abocarnos a la descripción de cada uno de estos siete chacras principales, sus características, cómo están relacionados unos con otros y su relación particular con los cuerpos inferiores.

CHACRA BÁSICO O PRIMER CHACRA

El funcionamiento de este chacra determinará nuestra conexión con la tierra y la materia. Se encuentra a la altura de los genitales y suele llamarse como el ancla del espíritu. Está relacionado con una sustancia ubicada a lo largo de la columna vertebral que mantiene al cuerpo en forma y cuando no funciona bien se presentan las enfermedades y el cuerpo empieza un proceso de deterioro.

También está asociado con el sexo, pues es el lugar donde más intensa energía hay en el cuerpo humano, la energía que nos permite generar vida.

Como todos los chacras, se encenderá con el estímulo de la corriente espiritual y cuando está muy activado la persona tendrá ansias de saciar su deseo a ese nivel, pero cuando lo logra, el nivel de energía retrocede.

Posee cuatro pétalos y sus características positivas son las siguientes:

- Fortalece, vigoriza el ánimo, provoca entusiasmo, estimula el sistema nervioso y otorga resistencia, esfuerzo y constancia.

Características negativas:

- El mal uso determina el abatimiento físico y moral.

CHACRA ESPLÉNICO O SEGUNDO CHACRA

Se encuentra a la altura del ombligo. Posee seis pétalos.

Características positivas:

- Tiene influencia sobre el sistema nervioso y en la temperatura del organismo.
- Da una perfecta armonía al cuerpo, la mente y las emociones.

Características negativas:

- Su mal uso produce histerismo o la búsqueda de experiencias que reflejen intensidades de placer o de dolor.

PLEXO SOLAR O TERCER CHACRA

Se encuentra en la boca del estómago. Posee diez pétalos.

Características positivas:

- Tiene influencia sobre el aparato digestivo cuando están los diez pétalos activados.

- Además, da dominio sobre el subconsciente e ilumina la mente.
- Produce cordura, enciende iniciativas y talentos, y desarrolla en alto grado la prudencia.

Características negativas:

- Su mal uso o desequilibrio crea la necesidad de consumir azúcar, celos e imposibilidad para decir «no».

CHACRA CARDIACO O CUARTO CHACRA

Se encuentra a la altura del corazón. Este chacra es el causante de que sintamos compasión y amor sin egoísmo, de la trascendencia y el discernimiento. Posee doce pétalos. Tiene relación directa con el rayo rosa.

Características positivas:

- Cuando están todos los rayos activos estimula la vitalidad y actividad del cerebro, tonifica el sistema glandular y activa la secreción interna.
- Otorga la sabiduría divina, la estabilidad, la perseverancia, la paciencia y el equilibrio mental ante el sufrimiento o el placer. Se empieza a ser más objetivo.

Características negativas:

- Su desequilibrio da sensación de vacío; la persona se vuelve prejuiciosa.

CHACRA LARÍNGEO O QUINTO CHACRA

Está centrado alrededor de la garganta. Influye en la expresión y la comunicación, el oído y la telepatía. Tiene dieciséis pétalos. Gobierna el tiroides, los aparatos bronquial y vocal, los pulmones, el aparato digestivo y el oído interno.

Características positivas:

- Este centro es el causante del rejuvenecimiento y la longevidad. Produce clarividencia.

Características negativas:

- A nivel puramente físico las dolencias de este centro comprenden el vértigo, la anemia, alergias, fatiga y asma. Existe confusión y la persona está desorientada.

TERCER OJO O SEXTO CHACRA

Se encuentra en el entrecejo. Tiene dos divisiones compuestas, cada una en cuarenta y ocho pétalos, o sea, un total de noventa y seis. Este centro pertenece al mundo del espíritu en donde residen los seres superiores y los permanentes principios e interrogantes del hombre. En el cuerpo físico, el tercer ojo gobierna la glándula pituitaria, el cerebro izquierdo, el ojo izquierdo, las orejas, la nariz y el sistema nervioso en general.

Características positivas:

- Cuando se activan todos los rayos el individuo desarrolla templanza, despierta ideas de dignidad, grandeza, veneración y sentimientos delicados, y posee una clarividencia positiva. Su despertar otorga la evolución espiritual y el dominio del espíritu sobre la materia.

Características negativas:

- Su desequilibrio hace que la persona sea ilógica, demasiado intelectual, distraída, olvidadiza, miedosa ante el futuro.

CHACRA CORONARIO O SÉPTIMO CHACRA

Se encuentra en la cabeza en la parte superior. Es el loto de mil pétalos, en el que se manifiesta ampliamente la divinidad. El hombre se hace uno con su ser interno, aunque no entra en funcionamiento a menos que el individuo haya hecho un trabajo espiritual consciente. Es un chacra que vibra con altísima rapidez, hasta cubrir la parte superior de la cabeza, y se puede ver en algunos casos un aura dorada.

Características positivas:

- Cuando se activan todos los rayos el individuo por primera vez entiende que la creación no tiene límites y que todos formamos parte indisoluble y eterna de ella. En este punto se convence de que posee el poder de la transmutación. La maestría a este nivel implicará la eventual trascendencia del propio Cuerpo Causal.

Características negativas:

- Puede dar lugar a malos profetas, gurús comerciales y sanadores indignos e incompetentes.

CHACRAS PARES

- El Esplénico y el Laríngeo trabajan juntos y pertenecen a la creatividad.
- El Plexo Solar y el Tercer Ojo están relacionados con la visión y la inteligencia.
- El Cardiaco y el Coronario expresan dimensiones cósmicas.

Cada chacra expresará la misma función en una frecuencia más baja. Las enfermedades, a su vez, están relacionadas también con la incapacidad de absorber, transmutar o integrar frecuencias energéticas. Cuando una energía entra en un chacra y se ve bloqueada, buscará expresarse mediante una disociación psicológica, y generará la enfermedad psicosomática. En cambio, cuando una energía ya está dentro de un chacra, pero se expresa de manera negativa, se manifiesta eventualmente a través de problemas físicos que posteriormente ocasionarán desórdenes mentales.

CHACRAS INTERDIMENSIONALES

Existen cinco centros de energía fuera del cuerpo que están localizados en otras dimensiones del ser, pero aunque existen en el presente son invisibles e inaccesibles a nuestros sentidos. Estos chacras aparecen igualmente por pares.

- El primero estaría localizado a más o menos 30 cm sobre la cabeza y 30 cm bajo los pies.
- El segundo, alrededor de 90 cm en ambas direcciones.
- El tercer par, a un metro del cuerpo.
- El cuarto y quinto par sobrepasarían nuestros conceptos tridimensionales y se extenderían hacia el infinito, arriba y abajo. Cuando aumentamos nuestra vibración podemos percibirlos, sentirlos y ser partícipes de ellos.
- Hay también un octavo, noveno, décimo, undécimo y duodécimo chacra que operan con o sin nuestra participación consciente. Todos están ubicados por encima y por debajo del cuerpo.

Ahora sabemos que existen varias técnicas para el equilibrio de nuestros centros, entre ellas la cromoterapia, la homeopatía, la fitoterapia, el ejercicio físico, técnicas de visualización, etc. En realidad, todas estas técnicas colaboran para que nuestros centros funcionen correctamente.

EL ALMA

Algunos escritores definen el alma como el principio de la vida orgánica, que no tiene existencia propia y cesa con la vida del cuerpo. Según esta teoría puramente materialista, el alma es un efecto, y no una causa. Otros consideran el alma como el principio de la inteligencia, el agente universal del que cada ser absorbe una porción. Según ellos, hay, en el universo entero, solamente un alma que distribuye chispas de sí misma entre todos los seres inteligentes durante su vida. Cada chispa, después de la muerte del ser que ha animado, vuelve a la fuente común y se mezcla de nuevo con todo en general, como los arroyos y ríos cuando vuelven al océano donde fueron generados. También, y según otra hipótesis, el alma universal es Dios, y cada ser es una porción de la Divinidad.

Según otros, de nuevo, el alma es un ser moral, distinto, independiente de la materia y que conserva su individualidad después de la muerte. Esta definición de la palabra alma es la generalmente aceptada, porque, bajo un nombre u otro, la idea de un ser que sobrevive al cuerpo se encuentra como una creencia instintiva, y es independiente de toda enseñanza. Esta doctrina, según la cual el alma es una causa, y no un efecto, es la que defienden los espiritualistas.

Sin discutir el valor de estas opiniones, y sólo bajo su aspecto filológico, podemos deducir que estas tres aplicaciones de la palabra alma constituyen tres ideas distintas, cada una de las cuales exige un término diferente. «Alma» tiene, por consiguiente, un significado triple, y es empleado por cada escuela según el significado especial que se atribuye a esa palabra.

Para evitar la confusión originada por el uso de la misma palabra para expresar tres ideas diferentes, sería necesario restringuir la palabra a una de estas tres ideas; algo que no importaría con tal de que la opción fuera entendida claramente. Una buena solución es tomarlo como algo natural y aceptar la idea común de que la palabra «alma» indica un ser inmaterial e individual que reside en nosotros y sobrevive al cuerpo. Aun cuando este ser no exista y sea realmente un producto de la imaginación, nos valdría para definirlo.

Lo que está claro es que necesitamos definir ese término para poder hablar sobre cualquier idea en la que se mencione la palabra alma y con la cual queramos definir el principio vital que se diferencia de la vida material y orgánica, cualquiera que sea su origen. Si la vida puede existir sin la facultad del pensamiento, ese principio vital sería algo distinto e independiente de él. Es evidente que, siendo empleado según las diferentes aceptaciones, el término alma no excluye el materialismo o el panteísmo.

Nosotros también podríamos evitar la confusión, incluso mientras empleamos la palabra alma en los tres sentidos que la definen, agregando a él algún término calificativo que especifique el punto de vista que nosotros consideramos, o el modo en el que lo aplicamos. Sería, en ese caso, una palabra genérica, que representa los principios de vida inmaterial, de inteligencia y de las facultades morales. Así nosotros podríamos decir la palabra alma cuando quisiéramos hablar del principio de la vida material, el alma intelectual para el principio de inteligencia y alma espiritual para el principio de nuestra individualidad después de la muerte. Solamente falta una conclusión: puesto que el alma intelectual es exclusiva de los hombres, también lo sería el alma espiritual.

LA ENERGÍA HUMANA

Nacemos con un circuito bioeléctrico que es el encargado de distribuir nuestra energía. Los vórtices (chacras o torbellinos) forman parte de un sistema y desde ellos la energía fluye al cuerpo para limpiarlo y recomponerlo. La energía cósmica llega a nosotros, entrando por el vórtice corona, y desde allí los circuitos van al cuerpo, actuando a través del sistema integrado de vórtices. Estamos diseñados en tal forma que se supone que no deberíamos estar lamentándonos por nuestros dramas por mucho tiempo. Las personas que mantienen vivos sus recuerdos dolorosos, están colocando energía en ellos para alimentarlos al costo de la vida de sus propias células. No se trata de olvidar, sino de asimilar, adaptarse.

Los vórtices ubicados por debajo de la cintura se relacionan con nuestra vida externa y con nuestro poder externo. Es muy grande el número de enfermedades que se originan por debajo de la cintura y luego se pueden trasladar a otros sectores.

EL PRIMER VÓRTICE (Chacra Básico)

Es el asentamiento de la base de datos del ser humano. Al nacer, estamos ya programados por la herencia. Los circuitos que entran por el vórtice corona están conectados a distintos patrones de creencias que la genética ha decidido.

Nuestro primer vórtice pide que tengamos una familia o tribu que nos alimente, pues necesitamos la energía del grupo que nos nutra y nos cuide en todos los sentidos. Esperamos que la sociedad se haga cargo (gobierno, empresa, etc.) de nosotros hasta que seamos independientes, aunque esto se ha ido perdiendo en los tiempos que vivimos. El «arquetipo de tribu» está cambiando y esto tiene influencia sobre nuestro cuerpo físico, pues al estar enchufados en el antiguo arquetipo seguimos esperando que nos sostengan, aun sin darnos cuenta.

Debido a esto, se ha ido desarrollando la conciencia de víctima. Esto se traduce en lástima de sí mismo, en quejas, y echamos la culpa a los otros, pues seguimos delegando en los demás aquello que nuestra genética nos indica. Pero cuando una persona adulta emana conciencia de víctima, atrae los virus, se vuelve débil y no es capaz de sobrevivir por sí misma.

EL SEGUNDO VÓRTICE (Chacra Esplénico)

El primero y el segundo vórtices están ubicados por debajo de la cintura, y representan nuestra vida externa y nuestro poder externo.

Este segundo vórtice tiene varios aspectos a considerar:

La creatividad corresponde a la energía de este vórtice, pues se trata de querer dar a luz las ideas y llevarlas a cabo. Cuando no podemos realizarlas, producimos «deformidades» en nuestra esencia.

La inspiración llega a nosotros desde el plano intuitivo, atravesando la corona, la garganta y el cardiaco. Luego llegará al tercer vórtice, donde puede surgir la pregunta sobre qué nos demanda esta propuesta desde una perspectiva individual. Cuando la inspiración llega al segundo vórtice, aparecen las preguntas sobre cuánto costará sacar nuestras ideas y quién estará involucrado en ellas, pues comenzamos a sospechar de las personas y a generar temores.

Si nuestras ideas son eliminadas, pueden aparecer trastornos en el sistema génito-urinario, pues esta solución drástica dejará un tejido cicatricial similar a cualquier herida superficial.

Muchas enfermedades del cuerpo físico se originan esencialmente por haber reprimido voluntariamente nuestros deseos y sueños, pensamientos que deben ser ocultados en los órganos alojados por debajo de la cintura. La imposibilidad de ser creativos en una sociedad en la que todos copian las soluciones de otros puede llevarnos a la depresión, a la tristeza, por no conseguir un poco de crédito a nuestras ideas y luego ver que otros las han copiado y ganan dinero y prestigio.

Pero si sabemos que el segundo vórtice nos conecta con todas las situaciones y personas que queremos controlar, ¿cuánta energía o tiempo invertimos en lo que controlamos?

Parte de nuestra energía correspondiente a la sexualidad la derivamos para conseguir poder y dinero, lo que explicaría la pasión de los varones por ello, mientras que las mujeres la derivan hacia el hogar o la estabilidad. Pero cuando usamos el dinero para controlar a otros, aunque creamos amarlos, estamos bajando la energía del cuarto vórtice para conectarla al segundo.

Los asuntos financieros corresponden también a este vórtice y posiblemente muchos de los trastornos y enfermedades que aparecen en la parte baja de la espalda (hernias de disco, ciáticas, lumbalgias) suelen estar relacionados con el «estrés financiero». Unos mantendrán la tensión por el deseo de aumentar su capital, mientras que otros lo harán por asegurarse su futuro o vejez. En ambos casos, la tensión existe.

Este segundo vórtice es una versión más refinada, más personal, de las enseñanzas de la tribu, pues la acumulación de bienes materiales es algo que nos lleva a asegurarnos la comida diaria. No hay especie que no cuide este aspecto, aunque unos lo hacen guardando y otros comiendo más de lo necesario para que sea su cuerpo quien administre el material disponible.

Las supersticiones sobre asuntos financieros se graban en el primero y el segundo, siendo el encargado de atraer las realidades (debido a que es el centro de las relaciones) para que se cumplan los mandatos de la tribu. Llegarán justo las personas adecuadas que nos demostrarán que la tribu tiene razón, puesto que nuestra emisión de energía atrae exactamente lo que necesita.

Invertimos nuestro espíritu en una percepción que aceptamos como la verdad revelada (eterna) sin intentar diferenciar lo falso de lo verdadero.

Cuando nos sentimos defraudados por la tribu, despreciados o traicionados por haberles creído, aparecen enfermedades del área sexual, tales como prostatitis, problemas ováricos y uterinos.

EN EL PRIMERO Y SEGUNDO VÓRTICES RIGE EL CÓDIGO DE HAMMURABI (ojo por ojo...)

Sólo cuando evolucionamos podemos perdonar

Nuestra familia nos dio lo mejor que tenía, y es nuestra tarea elevarnos por encima de esa energía. La vida en el hogar es necesaria para mantenernos a salvo, pero no permitirá nuestro desarrollo como individuos si no nos marchamos. Debemos volar y formar cuanto antes nuestra propia casa, pues la permanencia allí perjudica a nuestros padres y nos hace disminuir nuestra propia evolución.

Cuando desconectamos nuestros circuitos de las creencias férreas de la familia, desarrollamos más autoconfianza, del mismo modo que debemos desconectarnos de las leyes humanas si queremos vivir el orden universal. Si delegamos la sabiduría en los libros de texto y las leyes en los jueces, estaremos perdiéndonos el mensaje del universo.

La competencia también se relaciona con el segundo vórtice, con todas las personas respecto de las cuales sentimos que competimos o que compiten con nosotros. Estamos transmitiendo energía de nuestro cuerpo a la otra persona y en este intercambio somos electrocutados. Es posible que sintamos una oleada de calor cada vez que pensamos en ellos y esto se debe a que en ese momento estamos tocando los circuitos eléctricos del otro, conectándolos con nuestra propia vida.

También se alojan en este vórtice nuestros intereses sexuales, especialmente cuando nos sentimos interesados por una persona o extrañamos su presencia.

LOS CHACRAS Y LAS ENERGÍAS

Por los chacras fluyen tres principales energías representativas de los tres aspectos del Logos:

1. La energía que penetra por la boca del chacra y que en relación a sí misma establece una energía secundaria o segundo aspecto del Logos y vitalizada por el tercer aspecto del Logos.
2. La segunda se subdivide en un número infinito de grados y se diferencia de sí misma por la mayor o menor ilusión con la que la vemos actuar. Se difunde por infinitos canales y se manifiesta en todos los planos y subplanos de nuestro sistema. En su ínfima manifestación es un velo de materia etérea y desde el cuerpo astral se transfiere por los chacras al cuerpo físico, donde se encuentra con otra energía.
3. La tercera energía es la manifestación en el plano físico de la primera oleada de vida del tercer aspecto del Logos. La energía del Kundalini, o fuego serpentino de nuestro cuerpo, procede del laboratorio del Espíritu Santo en las entrañas de la

tierra y es parte del globo ígneo. Así es como absorbemos la potente energía de Dios por debajo, desde la tierra, y por arriba, desde el cielo. Somos, por tanto, hijos de la tierra y del sol respectivamente, pues una energía baja mientras la otra sube, y confluyen en nosotros ayudando a nuestra evolución.

KUNDALINI

El Kundalini, según la escuela transhimaláyica, se llama «Sushumna» y es el principal de los «nadis» (canales). Corre a lo largo del conducto medular de la columna vertebral y está acompañado por el «Ida» y el «Pingala», que cuando se pulsan despiertan el maná espiritual y el físico karma, dominando la naturaleza inferior con la superior.

DETALLES

- «Ida y Pingala» funcionan a lo largo del cordón «Sushumna», y su constitución es semimaterial, una positiva y otra negativa, pues es como el Sol y la Luna, que poseen acciones independientes.
- El «Ida» se representa como una línea carmesí, mientras que el «Pingala» se simboliza con una línea amarilla y el «Sushumna» con una línea azul intenso después de una iniciación.
- Aunque la campana de la boca del chacra está en la superficie del cuerpo etérico, el tallo nace en un ganglio o centro de la columna vertebral. La campana

contiene la energía divina que fluye y el tallo etéreo conecta la raíz del centro espinal con el chacra externo.

- El fuego serpentino fluye por los tallos y llega a la campana del chacra, donde recibe la afluencia de la energía divina. En ese momento la presión resultante del encuentro determina una radiación horizontal de ambas energías mezcladas.
- Ambas energías en su encuentro giran en direcciones opuestas mediante un fenómeno que se llama «maridaje». La energía primaria, masculina, con la energía del Kundalini, que es femenina, da como resultado el magnetismo personal del hombre que vivifica los ganglios o plexos, fluye por los nervios y mantiene la temperatura del cuerpo.

Al combinarse en su encuentro ambas energías, algunas de sus moléculas se entrelazan y la energía primaria es capaz de ocupar diferentes formas etéreas, formando generalmente un octaedro. Éstos son cuatro átomos dispuestos en forma de cuadrado, con un átomo central en constante vibración hacia arriba y hacia abajo, y en el centro formando un ángulo recto. El fuego serpentino está representado por un disco plano de siete átomos que se mueven en forma circular a gran velocidad, con una energía latente que se manifestará ante alguna combinación.

GLÓBULOS VITALES

Por último, vamos a mencionar el glóbulo de vitalidad que se forma cuando la energía vital se infunde en un átomo y lo dota de vida suplementaria y fuerza de atracción. Es el pequeño grupo que constituye el brillante gránulo en la serpiente masculina del elemento químico oxígeno, como también es el corazón del globo central del radio. Se distinguen por su brillantez y extremada actividad cuando flotan en la atmósfera.

La energía que vitaliza estos glóbulos es distinta de la luz, pero depende enteramente de ella en su manifestación. Una vez cargada, actúa como un elemento subatómico y no transmuta o disminuye energéticamente hasta que no lo absorbe un ser viviente.

PRANA

El aire enriquecido con estos glóbulos de vitalidad es lo que las corrientes de yoga denominan con el nombre de Prana, que significa energía absoluta, la fuente original de todas las formas de energía encontradas en nuestro universo tridimensional. Por ello el Prana, en combinación con la conciencia, se convierte en vida y cuando esta fuerza de vida se combina con la materia tenemos las formas de vida que habitan el universo físico manifiesto.

El Prana se puede almacenar y canalizar en nuestro sistema, sin superar la capacidad de los chacras y de los nadis para conducirlo, y de las auras de almacenarlo. El nivel de conciencia de cualquier forma de vida depende de la frecuencia del Prana para poder almacenar y canalizar por su sistema de energía sutil.

Esta absorción se realiza a través de la respiración y particularmente en días soleados. Cuando está nublado o por las noches, el hombre vive de las reservas acumuladas por los nadis en el interior de su cuerpo físico. De aquí que sea tan importante en la recuperación de muchas enfermedades, pues la alegría y el bienestar que produce el beso del Sol, penetrando en todos los cuerpos, ayudan a la curación tanto como los medicamentos. Por ello, el ambiente de los hospitales, donde las manifestaciones de alegría están reprimidas, lo mismo que los colores vivos, el aire de la mañana y el sol de la tarde entrando por las ventanas, son el peor lugar para curarse.

Si bien se puede pensar que en verano y en días soleados estos glóbulos están más disponibles que en días de lluvia o en invierno, debemos tener en cuenta el aporte de los seres elementales del aire que se encargan de distribuir estos glóbulos desde lugares donde abundan hacia aquellos donde escasean.

OTRAS ENERGÍAS

Además de las tres energías mencionadas con anterioridad, que regulan el bienestar del hombre, existe otra energía que penetra a través de dos chacras (cardiaco y plexo solar), que puede calificarse de psíquica y espiritual.

Esta energía que penetra por los chacras afecta a la conciencia humana básicamente. Los pensamientos, por ejemplo, son cosas muy definidas que ocupan un lugar en el espacio, y cuando se agrupan pensamientos de la misma índole, que viajan a la velocidad de un rayo, se juntan en la atmósfera en un centro mental en el que quedan atraídos y crecen.

En cambio, la materia astral es mucho más densa y genera nubes voluminosas de formas emocionales que reúnen intensos sentimientos en distintos centros, los cuales, a su vez, se funden con otros sentimientos similares.

Los centros de pensamiento pueden generar sensaciones de ira o temor y nubes emocionales, así como sensaciones de furia y pánico al ser absorbidas por el chacra sin protección.

Pero también existen formas de sentimientos tales como el amor y la devoción que, dispersas en la atmósfera, se reúnen como sentimientos positivos que son absorbidos desde el chacra cardiaco.

La importancia de la influencia de estas energías es que el hombre las absorbe según el estado de similitud con ellas. Por ejemplo, si una persona sale a la calle con temor, se le pegarán a su cuerpo astral las nebulosas de formas emocionales de temor que flotan por su barrio y, si no logra recobrarse de ellas, estas nebulosas descargarán a través del chacra su energía acumulada; por tanto, la persona degenerará su temor en pánico y perderá la cabeza, precipitándose al peligro. Afortunadamente, hay sensaciones benevolentes que entran en el cardiaco y compensan estas situaciones.

NUESTRAS EMOCIONES

Hay que tener en cuenta que existen cuatro emociones básicas con las que se construyen las demás: alegría, ira, dolor y temor. Es la combinación entre ellas y su aplicación en determinadas situaciones lo que genera nuevas emociones. La ira, el dolor y el temor no son negativos en sí, y no se sienten negativos cuando se les permite su expresión natural. Son los depósitos de energía bloqueados los que se sienten negativos.

La ira, el dolor y el temor son diferentes frecuencias del Prana que fluyen por el sistema de energía sutil.

Deberíamos imitar a los niños, que expresan sus sentimientos honestamente en cualquier circunstancia, y no dejarnos llevar por el proceso de ocultación que produce el bloqueo de masas de energía del tipo emocional en lugares inadecuados.

Si las personas expresaran sus emociones espontáneamente, en el momento adecuado, con ahorro de energía, no tendrían ningún problema, pues es la falta de movimiento de ésta lo que nos produce presión en el lugar equivocado, y es eso lo que nos duele.

MECANISMO LIBERADOR

Afortunadamente, los chacras actúan como válvulas de seguridad en el sistema de energía sutil, pues al abrirse impiden la acumulación nociva de energía dentro de nuestro cuerpo y permiten que las emociones fluyan a través del sistema libremente.

Cuando desde la infancia se enseña a interrumpir la función natural de los chacras, alterándolos según las normas sociales, se crean nuevas generaciones que ven limitada la libre expresión de sus emociones en tres puntos: la entrada, la salida y el traslado del Prana.

El cuerpo físico con el tiempo se torna muerto en parte y la persona resulta insensible. A pesar de que este bloqueo temprano del chacra resulte dañino para la persona, es posible revertirlo y sanarlo, recuperando las funciones del chacra en su plenitud.

CHACRAS ETÉREOS

Por otra parte, no hay que dejar de tener en cuenta que los chacras que están en plena actividad cumplen otra función, pues se conectan con su correspondiente en el plano astral.

El chacra etéreo está en la superficie del doble etérico y el chacra astral se encuentra en el interior del cuerpo astral. Su función es transferir a la conciencia física toda cualidad inherente en lo correlativo al chacra astral.

Éstos son los principales:

1. El primero de estos chacras es el foco del Kundalini, existente en todos los planos y cuya actividad despierta a los demás.

   Debemos considerar al cuerpo astral como una masa casi inerte con una vaga conciencia y sin definida capacidad de actuación, pero que precede al despertar del fuego serpentino del hombre astral.
2. El segundo chacra astral corresponde al esplénico físico (el músculo largo y plano que une las vértebras cervicales con la cabeza y contribuye a los movimientos de ésta), que fue vitalizado por el

cuerpo astral y le permite hacer viajes conscientemente.

3. El tercer chacra astral corresponde al plexo solar físico y despierta la facultad de recibir sensaciones.
4. La vivificación del cuarto chacra, que coincide con el cardiaco del físico, capacita al hombre para recibir y comprender vibraciones de entidades astrales conociendo sus sentimientos.
5. El despertar del quinto chacra astral, que coincide con el laríngeo, otorga la facultad de escuchar en el plano astral, el mismo efecto audible que en el plano físico.
6. El sexto chacra astral, que corresponde al tercer ojo del físico, produce la visión astral o facultad de percibir la presencia de los objetos astrales.
7. El séptimo chacra, que es el coronario del físico, completa la vida astral del hombre y perfecciona sus facultades.

Lo mismo que se despiertan los chacras astrales, se despiertan cualidades con los chacras etéreos. Por ejemplo:

- Cuando se despierta a la actividad el esplénico, el hombre retiene un vago recuerdo de sus viajes astrales y suele producir el recuerdo de la sensación de volar por el aire.
- Cuando se activa el plexo solar, percibe toda clase de influencias astrales distinguiendo las amistosas de las que no lo son.
- La vibración del chacra cardiaco da al hombre el conocimiento de las alegrías y tristezas del prójimo

y lo mueve a reproducir en sí mismo los dolores ajenos.

- El chacra laríngeo lo capacita para oír voces que le sugieren ideas de toda clase y en plena actividad le confiere la clarividencia etérea y astral.
- Por el chacra frontal el hombre puede ver lugares y personas astrales que están distantes. Está relacionado con la capacidad de la visión microscópica, con ver aumentados los objetos físicos invisibles a simple vista corporal.
- Cuando el chacra coronal está activado, el ego puede salir por él y dejar conscientemente su cuerpo y restituirse de nuevo más tarde sin la ordinaria interrupción, de modo que está consciente día y noche.

Cuando el fuego serpentino ha pasado por todos los chacras no se interrumpe la conciencia hasta la entrada en el mundo celeste que define la vida astral, de modo que no hay diferencia entre la temporal separación del cuerpo físico durante el sueño y la definitiva en el momento de la muerte. El Kundalini, la ígnea energía, también llamada «la voz del silencio», es muy parecido a un fuego líquido que se difunde por todo el cuerpo cuando ha actualizado la voluntad, y circula en espiral como una serpiente. En plena actividad se lo llama «la madre del mundo», porque vivifica los vehículos del hombre de manera que el ego sea consciente en todos los mundos.

Se debe advertir, sin embargo, que un inadecuado despertar del Kundalini, o intentar manejarlo sin concretas instrucciones de quien conozca del asunto, puede traer graves consecuencias. Estas consecuencias se ven en lo físico y en lo mental, y, para mencionar algunas, puede producir rencor, orgullo desmedido, aumento de la inteligencia malvada, monstruos de depravación, desgarros de la carne, etc.

OTROS SISTEMAS

El objetivo de algunas corrientes de yoga es el mismo que el de otras modalidades, la unión del alma con Dios, y para ello se necesitan tres clases de esfuerzos: de amor, de pensamiento y de acción. Esto en otras corrientes espirituales podría denominarse también: amor, sabiduría y poder, o discernimiento, buena conducta y amor a Dios, al Maestro y a los hombres.

En el arte japonés del Jin Shin Jitsu, el sushumna corresponde a un meridiano central llamado Gran Canal Central, formado por dos partes. Este meridiano conceptual comienza en la lengua, baja por el cuerpo, pasa por los órganos sexuales y llega al cóccix y se conecta con el meridiano regulador. Éste sigue el mismo camino ascendiendo por la columna hasta llegar a la cabeza y baja por la nariz, hasta el extremo de la boca.

El Gran Canal Central tiene la misma función que el Kundalini y es la principal fuente de energía Chi del cuerpo. El meridiano conceptual se llama «el gran caudal Madre» y el meridiano regulador se llama «el gran caudal Padre», siendo el primero el más importante de los meridianos Yin y el segundo de los meridianos Yang. Juntos con el Gran Canal Central forman el canal que rige la energía del cuerpo y del espíritu.

Aunque existen muchas escuelas diferentes de pensamiento acerca de los nadis en yoga y de los meridianos en la medicina china, todas coinciden en el pasaje de la energía vital.

Lo importante para nosotros son sus funciones:

1. La primera es su capacidad para absorber Prana directamente del aire por inhalación, y la segunda, la de arrojar toxinas al exhalar; por eso algunos la comparan con la sangre.
2. La segunda función tiene que ver con la activación del Kundalini o serpiente de energía que tenemos dormida en nuestro interior.

Cuando se logra que la cabeza de la serpiente mire hacia arriba y luego ascienda por la columna hasta llegar a la cabeza, se alcanza la iluminación. Para lograr esto los yoguis desarrollaron unos ejercicios de respiración llamados Pranayama. Otras corrientes creen lograrlo por medio de una serie de meditaciones que ponen a la persona en contacto con su ser espiritual, pero cualquiera que sea la manera que uno elija para lograrlo siempre se debe contar con la guía de un experto o maestro.

LOS SIETE DERECHOS BÁSICOS

Podríamos describir los chacras diciendo que representan siete derechos fundamentales que nos corresponden por nacimiento, derechos que, sin embargo, las circunstancias de la vida infringen constantemente. Y si acabamos por admitir estas infracciones, el chacra puede llegar a ser muy compensatorio (excesivo) o cerrarse (deficiente).

1. DERECHO A TENER

El derecho que subyace al chacra primero es el de «estar aquí» o Dassein, como se diría en términos filosóficos, lo cual se manifiesta como el derecho a recibir lo necesario para la supervivencia. Cuando se nos niegan las necesidades básicas de la supervivencia (alimento, vestidos, vivienda, protección humana, sanidad, un medio ambiente sin contaminantes, contacto físico con el prójimo) está amenazado nuestro derecho a tener. Como consecuencia, tenderemos a poner en tela de juicio tal derecho en el curso de nuestra vida y nos hará resentidos, violentos o temerosos. Esta carencia es en relación con muchas cuestiones: desde el dinero y las propiedades hasta el amor y el tiempo que necesitamos para nosotros mismos.

2. DERECHO A SENTIR

«¡Deje de llorar y luche! ¡No tiene ningún motivo para lamentarse, pues hay otros en peor situación que usted!» «No tiene motivo para estar enfadado y debe ser más positivo.» «¿Es que no sabe dominar (reprimir) sus emociones? ¡Debería avergonzarse de sí mismo por no ser como todos!».

Semejante adoctrinamiento infringe nuestro derecho a sentir y a expresar estos sentimientos que nos invaden con intensidad. Una cultura que reprime la expresión de la emotividad, o que considera débiles a los que demuestran sensibilidad, también infringe ese derecho fundamental, uno de cuyos corolarios es el derecho a desear. Pero si ni siquiera se nos permite sentir, difícilmente averiguaremos qué es lo que deseamos.

3. DERECHO A EJECUTAR

Lo restringe habitualmente la autoridad de los padres, las autoridades, las normas sociales, la cultura y, con frecuencia, las religiones o sus mandamientos. Se encarcela a los no sumisos, a quien no quiere seguir las reglas y, pero aún, a quienes prefieren la soledad. Se detiene, y también muchas veces se maltrata, a manifestantes pacíficos que no hacen otra cosa que obrar de acuerdo con sus opiniones referentes a asuntos que afectan al derecho de supervivencia. La ley, eso ya lo vemos, castiga con más severidad y rapidez a los pacifistas que a los grupos políticos o los sindicalistas. Lo cierto es que se nos enseña a obedecer y someternos, pues nos dicen que las leyes están para ayudarnos y protegernos, pero las leyes no son humanas, no tienen sentimientos y por eso son habitualmente injustas. La experiencia en tales circunstancias nos comunica que más nos vale que nuestras acciones sean conformes a las leyes humanas, por delante de las naturales o divinas. El temor a los castigos y el hábito adquirido de la obediencia ciega, inculcados por la autoridad paterna o por las instancias culturales, obstaculizan seriamente nuestra capacidad personal, el uso consciente de nuestro derecho a obrar.

4. DERECHO A AMAR Y SER AMADO

En la familia, este derecho puede verse menoscabado cuando los padres no quieren ni atienden al hijo de una manera constante e incondicional, aunque luego muchos hijos se comportan de igual modo reprobable. El amor bajo condiciones atenta contra la autoestima del niño, pues no se le puede exigir que sea bueno, sino que debe tratar a sus padres como ellos lo tratan a él. En cuanto al condicionamiento cultural, la restricción del chacra cordial se halla en las actitudes censoras ante los hombres que aman a otros hombres y las mujeres que aman a otras mujeres, los amores interraciales o las relaciones simultáneas con más de una persona. Por eso sabemos que no hay ahora una verdadera tolerancia y hasta nos encontramos con integrismos entre las provincias o pueblos de un mismo estado o región. El derecho a amar queda perjudicado en los conflictos raciales, en la opresión de una cultura sobre otra, en las guerras y en todo lo que origina enemistades entre distintos grupos. Cuando nos sentimos ofendidos o rechazados, con frecuencia cuestionamos o restringimos nuestro derecho a amar y, en consecuencia, nos volvemos necesariamente malvados e intolerantes.

5. DERECHO A DECIR Y A ESCUCHAR LA VERDAD

La primera dificultad se presenta cuando no se nos permite hablar delante de nuestra familia, pues se considera que hay cuestiones que no deben ser expresadas por los niños. Pensadas vale, pero en ningún modo habladas. Y puesto que casi nadie nos escucha lo que tenemos que decir, nos impulsan a no ser sinceros nunca. Se nos niega la expresión, se nos enseña a guardar secretos, o incluso a disimular, siendo mejor aceptados aquellos que hacen de la hipocresía su mejor hábito social. Con esto cerramos el quinto chacra, pues cuando se nos critica por intentar hablar, o se traiciona nuestra confianza revelando asuntos privados nuestros, gradualmente vamos perdiendo el contacto con nuestro derecho a hablar.

6. DERECHO A VER

Se transgrede este derecho cuando quieren convencernos de que no es verdad lo que hemos visto, acusándonos de imaginativos o de no saber evaluar las cosas «tal como son». Se nos ocultan deliberadamente o se nos niegan las cosas obvias, como que nuestra madre es infiel, adornándolo con excusas como ser sociable o muy extravertida. De esta manera se pone en tela de juicio el alcance o la amplitud de nuestra visión, y el criticador pasa a ser el criticado, mientras del culpable ya nadie se acuerda. Las personas culpables habitualmente niegan, incluso con agresividad, su culpa y eluden un diálogo profundo, mostrándose aparentemente ofendidos por ser objeto de crítica. Pero cuando lo que vemos a nuestro alrededor es feo, desagradable o contradictorio con otras cosas también vistas, cuando nuestra buena moralidad es un oasis en el desierto, la visión física puede resultar perjudicada por la clausura del tercer ojo. Necesitamos reivindicar el derecho a ver, porque ello nos ayudará a recuperar así mismo nuestras facultades intuitivas y extrasensoriales.

7. DERECHO A SABER

Comprende el derecho a la información, a la verdad, a recibir educación y conocimientos, pero también son igualmente importantes nuestros derechos espirituales, en particular el de relacionarnos con la Divinidad o como quiera que nosotros la llamemos, en tanto la percibamos.

Imponer un dogma espiritual a otra persona es una infracción a los derechos personales significados por el séptimo chacra. Peor aún, es negar nuestro derecho a creer en algún dios y adorarlo, pues la opción de los materialistas, negando sin explicaciones la otra vida o el milagro de la creación, se nos muestra como estúpida. Sin embargo, ellos, los incrédulos, tienen habitualmente más prestigio social que los creyentes.

CÓMO PONER EN PRÁCTICA LA MEJORA DE LOS CHACRAS

En el hogar

Nuestro hogar es nuestro primer chacra externo, pues es la manifestación externa de nuestro espacio interior. Contemple su hogar y observe de qué modo y manera usted se reflcja en él. ¿Opina que es un lugar confortable para vivir, dotado de alegría y cariño? ¿Le parece acogedora y cálida su vivienda? ¿Pasa mucho tiempo allí o necesita salir con frecuencia porque se ahoga? ¿O tal vez se encuentra tan a gusto que ya apenas quiere salir al exterior?

Si su opción se inclina por su hogar, es el momento de hacer en la casa aquellas cosas gracias a las cuales se convierte en el lugar más agradable para vivir. Hacer la limpieza de los armarios (o cambiarlos de sitio), del trastero o del balcón. Pruebe a pintar algunas habitaciones de colores diferentes, sin miedo a la intensidad, especialmente el dormitorio y el salón, pues en ellos pasa la mayor parte de su vida. No se olvide de arreglar las cosas deterioradas hace tiempo, los enseres de la cocina, construir una estantería o arreglar el jardín. Ocúpese ahora en esas tareas materiales que forman parte de su espacio físico.

Los negocios

También son expresión del primer chacra. Lo que convenga hacer para mejorarlos puede variar mucho, aunque algunas de las tareas más elementales serán, sin duda, archivar, reorganizar su escritorio o sus archivos. Puede que necesite una nueva inversión, o una puesta al día o atender a sus clientes de modo diferente. Es interesante que modifique sus impresos, su modo de solicitar una entrevista, elaborar un cuadro de vencimientos próximos, disponer algún dinero para la publicidad, inaugurar una nueva oficina, contratar un nuevo empleado, invertir algún dinero en mejoras, aunque sean simplemente con pintura.

La intención general consiste en mejorar nuestra vinculación con el negocio centrando nuevamente la atención y aumentando la capacidad de aquél en tanto que es el fundamento de nuestra existencia material. Si no dispone del dinero necesario, seamos realistas, posiblemente no logre la felicidad. No obstante, no se olvide de que lo que para uno es vital, para otro es superfluo.

Tu dinero

Esto ya es más personal, pues cada uno lo administra de modo diferente. Cuadre sus cuentas bancarias, liquide si puede sus deudas, revise el estado de sus ahorros, analice sus gastos. Un pequeño ajuste le puede dar, especialmente, tranquilidad.

Elabore todos los días una lista de las cosas en las cuales gasta el dinero y posiblemente se dé cuenta de que puede derivar el dinero hacia otros lugares. No crea que la mayor parte del dinero tiene que ir para la alimentación, pues los alimentos más baratos suelen ser los más saludables y nutritivos. No confunda calidad con precio. Revise también las salidas a espectáculos, los gastos fijos de la casa, la vestimenta, libros, etc. Persevere durante un mes en el control de sus gastos y confeccione entonces un nuevo presupuesto si le parece necesario.

Las propiedades

Revalorice sus pertenencias; para ello deberá cuidarlas mejor. Arregle las pequeñas cosas, como el interruptor de la luz o la pintura de sus muebles. Visite más frecuentemente las rebajas y cómprese aquello que deseaba desde hace tanto tiempo. Elabore una lista de las cosas que desearía tener en el futuro y márquese prioridades. Puede invertir el dinero en cosas que duren apenas una hora (como una comida en un restaurante de lujo) o emplearlo en esa película en DVD que tanto le gustó y que podrá ver tantas veces como quiera. Recuerde para qué quiere esas cosas, lo que puede hacer para conseguirlas y cuándo le gustaría tenerlas, pues hay objetos que no se pueden adquirir inmediatamente (por ejemplo, un coche, una vivienda nueva, un nuevo trabajo).

La familia

Su familia de nacimiento fue el primer cordón umbilical que garantizó su supervivencia. ¿Ha intentado mejorar su relación o siempre se lo exige a los demás? ¿Es de los que protestan mucho o de los que arreglan? Sus mayores son sus raíces y *muladhara* significa raíz, por lo que quizá quiera establecer la genealogía de su familia, celebrar un ritual en recuerdo de sus predecesores o visitar a su abuela e interrogarla acerca de las historias del pasado. ¿Se ha dado cuenta de lo poco que atendemos moralmente, y en ocasiones económicamente, a nuestros ancianos? ¿Es usted de esos que creen que los mayores no necesitan casi nada para ser felices? Por otra parte, si su familia ha sido tremendamente negativa para usted, tal vez el trabajo más idóneo consistiría en suspender las relaciones durante una larga temporada, o recurrir a un terapeuta para la reforma de esas pautas familiares. La distancia no siempre es el olvido, como dice la canción, sino en ocasiones la mejor cura.

La tierra

Es el elemento esencial de este chacra, y la misión que nos hemos planteado aquí es la de tomar mejor fundamento mediante la conexión con la tierra. Para ello, nada más fácil que darse un paseo por el parque, pisar el césped con los pies descalzos o dedicarte a cuidar la naturaleza. Para esto no necesita estar involucrado en una causa ecologista, pues replantar un árbol o arreglar una flor que está pisoteada no necesita la colaboración de nadie. Aprenda jardinería, o trabaje en el huerto de un amigo, o dedíquese a trasplantar las flores a macetas mayores. Usted no puede arreglar el mundo, pero sí puede mejorar los pequeños elementos naturales de los alrededores. Emprenda una excursión, mochila a la espalda, recorriendo paisajes naturales. Visite un museo geológico, emprenda una colección de minerales, construya un altar de piedras y plantas. Sencillo y económico.

En resumen

Todas estas tareas contribuyen al mismo fin. Poco adelantaríamos si nos planteáramos un régimen alimenticio pero no la práctica regular de un ejercicio físico, o si abordásemos un trabajo físicamente fatigoso sin concedernos un masaje o algún tipo de recuperación corporal. No sea de esos que creen que la salud se puede lograr tomando pastillas o plantas medicinales. Nada en este mundo puede lograrse de modo sencillo. En tales condiciones el trabajo sobre el primer chacra se nos antojaría simplemente desagradable y nada más. Esforzarse más pero sin dar su tiempo a la tierra, a su cuerpo, no aporta ningún equilibrio al primer chacra.

Obviamente, las sugerencias expuestas aquí le aseguran quehacer para un año o más, pero no son sino sugerencias y usted puede elegir las que le parezcan más adecuadas con arreglo a su género de vida. Intente hacer al menos un par de cosas en cada una de las categorías reseñadas, a fin de redondear bien su práctica del primer chacra.

PROGRAME SUS CAMBIOS

La supervivencia es el tema clave del primer chacra. Programada desde una edad demasiado temprana como para que podamos olvidarlo, nuestras nociones en cuanto a la supervivencia permanecen arraigadas en nuestro sistema nervioso y afectan a nuestra independencia, a nuestras relaciones sociales y a nuestra capacidad para atender a nuestras propias necesidades. Pocas personas viven totalmente exentas de preocupación por la supervivencia, incluso quienes aparentemente tienen más dinero. ¿Se ha preguntado la razón por la cual los millonarios tienen tantos bienes acumulados en los bancos? Es la incertidumbre lo que nos obliga a guardar, a atesorar, pues el futuro es la única interrogante que angustia a las personas. Las preguntas siguientes pueden ayudarle a concretar los temas esenciales para usted en cuestión de supervivencia y de necesidades materiales.

1. ¿De qué manera ha visto atendida su supervivencia en el pasado? ¿A qué precio? ¿En qué tipo de ambiente? ¿Qué le parecen hoy quienes se ocupaban de usted entonces? ¿Qué opinión le merecían en su época? ¿Tiene alguna deuda de gratitud hacia ellos que debas pagar cuanto antes?
2. ¿Cómo expresa su confianza o desconfianza en su manera de proveer a las necesidades de la supervivencia y en su capacidad para conseguirlo? ¿Su autoestima para sobrevivir es óptima o se considera poco menos que un inútil?
3. ¿Cuánta consideración e importancia concede a su cuerpo físico? ¿Hasta qué punto lo cuida o lo maltrata conscientemente?

4. ¿Qué es lo que le impide sentirse bien arraigado en este mundo? ¿Necesita una pareja, un trabajo o, simplemente, más dinero?
5. ¿De qué manera interfiere en la manifestación de sus necesidades de supervivencia? ¿Ha cuidado su salud y su economía lo suficiente?
6. El primer chacra implica el derecho a tener. ¿Se ha visto inhibido ese derecho en el curso de sus años de formación? En tal caso, ¿de qué modo y por quién? ¿Se le ocurre algo que hacer para remediarlo? ¿Es de esos que culpan a los demás de tus infortunios?

LOS MANTRAS

La recitación de «mantras» es una práctica común en el hinduismo y el budismo. El «mantra» es un texto de significado sagrado que crea estados de conciencia alterados propicios a la meditación y favorece una iluminación más temprana. El «mantra» es utilizado por los laicos de estas religiones para multitud de funciones, no sólo espirituales. Para muchos practicantes budistas e hinduistas el «mantra» posee una dimensión mágica: salva de peligros, ayuda en las enfermedades, consuela en las desgracias y ayuda a superar multitud de problemas cotidianos. La práctica del «mantra» eleva la espiritualidad del individuo, lo ayuda a serenar su alma y corrige disfunciones del carácter o del comportamiento.

Cada deidad posee su propio «mantra» o frase característica que la invoca y ayuda al individuo a equipararse con el factor regido por esa deidad. Así, el mantra más conocido es, tal vez, «OM Mani Padme HUM», pronunciado de forma diferente según la lengua utilizada —sánscrita o tibetana, más frecuentemente— y que todos en el Tíbet conocen como «mani». En nuestro idioma puede traducirse por «OM, la joya sobre el loto HUM», donde el significado místico de la joya y el loto se refiere a la compasión de Buda Sakiamuni reposando sobre la sabiduría y evoca el momento en el que Shiddarta Gautama, el Buda histórico, alcanzó la iluminación. Este «mantra» está asociado a la deidad Avalokitesvara, conocida como Chen Resig entre los budistas o como Kuan Yin en su versión femenina.

Las sílabas OM y HUM no poseen traducción y representan sonidos que conectan a la persona con dimensiones universales. Éste es un mantra definitivo que desarrolla una gran capacidad de compasión con todo el género humano. El sentido budista de la compasión es el «amor universal», por el que podríamos traducir el mensaje de Jesús en el cristianismo; al menos, a grandes rasgos.

Aunque el «mantra» debe ser transmitido por un gurú de elevada preparación en un «wang» o iniciación para que resulte plenamente efectivo, aquellos que no hayan recibido este preciado don pueden recitarlo igualmente para ayudarse en la elevación de su espíritu y utilizarlo tras la meditación para una perfección más firme.

Existen también «bija mantras» o «mantras de una sola sílaba», que se asocian a cada uno de los siete «chacras» o centros energéticos del cuerpo físico. El mantra OM, pronunciado de forma que la «m» dure unas tres veces más que la «o», de forma repetida, igualando la duración de la respiración a la del «mantra», es de eficaz ayuda para amplificar la conciencia, alcanzar mejor visión de la realidad y desarrollar la capacidad ESP o PSI de la persona.

Los «mantras» se pronuncian de forma rápida, acompañados muchas veces de la visualización de sus sílabas o de sus significados, un total de 7, 21 o 108 veces. Para no desviar la concentración de la visualización, se emplean las «malas» o rosarios de mantras, de 108 cuentas, más una adicional que no se cuenta. La recitación de «mantras» es una vía hábil y fructífera para que los efectos de la meditación sean duraderos y para incrementar la espiritualidad, acercando al hombre hacia el estado de Samaddi o meditación continua.

Ejemplo:

RIN (Dokko in)

Representa a la divinidad Bishamon Ten y es el signo del Vajra meteórico tibetano.

La palabra a recitar es ON BAI SHIRA MAN TA YA SOWARA.

Es el símbolo del temible poder de la sabiduría y el puro conocimiento que destruye la ignorancia y la imperfección. Se usa para atraer la fortaleza que nos permitirá resistir las pruebas físicas y mentales y que ésta prevalezca sobre todo lo que se pueda destruir. Sus efectos, pues, son devolver la fuerza y la actividad a través de los elementos de la naturaleza, dirigidos por la acción mental. RIN faculta para soportar todos los inconvenientes que conlleva la supervivencia y proporciona un buen control mental.

UN ACERCAMIENTO YÁNTRICO

Esta introducción da énfasis a un acercamiento práctico que revela cómo los chacras, los puntos de energía psíquica, afectan a nuestra salud, personalidad y desenvolvimiento espiritual.

Permítanos definir los chacras como vórtices de energía producidos en los puntos de la conjunción de las vainas físicas y psíquicas en hombres y mujeres en un aspecto multidimensional. Los chacras se controlan, se regulan y se armonizan a través de un juego sistemático de mantras (unas herramientas corporales) como se enseña en el yoga. La palabra inglesa «hombre» deriva de la raíz sánscrita usada como un prefijo, tal como ocurre en man(tra), por lo que debemos considerar al ser humano como un pensador.

Los chacras tienen un flujo de energía mínimo que es mayor o menor según el estado individual de desarrollo, y el objeto del mantra *OM-Kara Kriya* es equilibrar el rendimiento de energía de estos centros progresivamente. El arreglo es similar al loto y consiste en raíz, tallo y brote. La raíz del chacra está en la espina, mientras que el brote, o la lozanía potencial, se relaciona con uno de los ganglios dependientes del sistema nervioso autónomo.

Cada chacra representa un potencial, dentro de que puede controlarse a través de las prácticas de la meditación especiales. Este potencial puede manifestarse a un nivel psíquico, físico y espiritual, y el grado a los que un chacra se abre está influenciado desde el nacimiento y el movimiento diario de los planetas.

Esta doctrina secreta se expuso claramente en las enseñanzas del yoga a través de los yantras antiguos, especialmente gracias al yogamaharishi doctor Swami Gitananda, Giri Guru Maharaj en los años 50. Según él, «yantra tiene varios significados y nosotros normalmente lo asociamos con un diagrama geométrico que representa una tabla del circuito psíquico».

En un sentido general, yantra es cualquier instrumento, particularmente aquellos que se usan en jyotish (sistema indio de astrología y numerología), y está en el mismo sentido que divulgó el doctor Swami, quien enseñó un método de cálculo que relaciona la predisposición de las personas para operar a través de uno o más de estos centros.

Como ejemplo, el Muladhara está considerado como el primer centro en los textos clásicos, pues éste es el centro que controla el Kundalini o poder de fuego en la vida. Las manifestaciones del hombre relativas a este poder de fuego son a través de la expresión sexual para la procreación (mental y física), manejándose biológicamente así para perpetuar a su propio ego y mente.

MULADHARA CHACRA: LA ENTRADA A LA EVOLUCIÓN

Perturbaciones

Aunque nosotros asociamos este centro con el principio de la individualidad y la formación del ser, también puede manifestarse por cauces inesperados. Muladhara controla todas las tensiones de la cabeza y los pies, tensión que significa un estiramiento polar que puede producir desarmonía y que se manifiesta como una falta de habilidad. Cuando este centro se perturba a un nivel psíquico, el resultado físico son enfermedades o dificultades en la oreja, los ojos, la nariz y la garganta. Esto puede incluir condiciones sorprendentemente diversas, como la pérdida del pelo, dolores de cabeza tipo migraña, inflamación de los senos nasales, adenoides, infección de amígdalas, dolores de muelas, dolor de oídos y todas las enfermedades que se localizan en la cabeza y garganta. Aunque esto puede parecer extraño para un centro situado en la base de la espina, normalmente está asociado con la sexualidad y las habilidades. También nos puede servir de pauta para efectuar chequeos en la cabeza si disponemos de los suficientes conocimientos de fisiología, permitiéndonos encontrar una pista para casos rebeldes de sinusitis y una gran cantidad de síndromes médicos que relacionan la nariz, la cabeza y los genitales.

Respecto a los problemas de los pies nos encontramos con arcos caídos, pies dolorosos, tobillos débiles, hinchados, y otras formas de invalidez relacionadas con el pie. Cuando este centro se abre bajo una influencia negativa, el individuo está predispuesto a los accidentes que involucran la cabeza y los pies.

Es interesante notar que cuando el Muladhara está inarmónico nosotros siempre nos torcemos los tobillos, nos golpeamos con la cabeza, tropezamos con frecuencia, cuando entramos en un automóvil nos pillamos los dedos con las puertas y nos bloqueamos los dedos al cerrar los cajones. Esta última tendencia para herirnos las extremidades superiores tiene que ver con el Muladhara y se interconecta profundamente con el segundo chacra, Swadhishthana.

El cuadrado (símbolo de tierra), el Hasti o elefante (Airavata), el Tattwa (Elemento) y el Vahana (Vehículo) de Muladhara son símbolos que representan la solidaridad y el principio básico de toda la evolución como distinto de la involución.

Así como los estudiantes trabajan las vibraciones en este centro para desarrollar la individualidad y abrir el camino, las calidades de la dirección destinan a su Dharma en esta encarnación. Fuera de la raíz de este centro salen las invenciones que abren nuevos horizontes para la humanidad, por lo que el florecimiento de este centro puede ocasionar que la Humanidad disponga de nuevos inventores y personas de fuerte personalidad. Henry Ford y Edison son ejemplos de hombres con pensamiento indomable que hicieron contribuciones que cambiaron la evolución.

Los colores de los chacras

La representación de los chacras en la forma en que se nos presenta en la India ortodoxa, no son formas que vieron algunas personas, pues son «yantras», imágenes simbólicas utilizadas en la meditación. El color del interior de este yantra es el color simbólico asignado al elemento al cual se refiere el chacra. La cantidad de pétalos de esta flor es igual a la cantidad de letras del alfabeto sánscrito (49) y cada letra es parte de un mantra (shabd), que representa un ladrillo del cimiento de la creación. A los diversos chacras se agregan distintas letras y cantidades de letras que nos recuerdan a los setenta y dos nombres de

Dios en la *Kabbala*. Haciendo referencia al alfabeto sánscrito, el señor Leadbeater habla de que el *Ajna chacra* tiene 98 hojas (2 × 49), y el *Sahasrara chacra*, 980 hojas (20 × 49).

A partir del momento en que los chacras comenzaron a estudiarse en la cultura occidental, se basaron en el sistema analítico y los presentaron así como los vieron. El primero, según su entender, que introdujo ese tipo de imágenes fue C. W. Leadbeater y luego se supo que las visiones de los chacras de los yoguis del *Ashram ananda* eran parecidas a las de Leadbeater, con la excepción de la cantidad de hojas.

Leadbeater, en su monografía *El Aura*, explica que es muy difícil, o casi imposible, presentar una estructura en colores opacos encima de una estructura que se mueve, que cambia continuamente y que parcialmente tiene colores luminosos. La misma cuestión vale también para los chacras. Internet sirve en este caso mejor porque en el monitor la expresión de la iluminación de los colores es mejor.

En lo referente a los colores observamos, al igual que Leadbeater, una característica general: cuanto más elevado es el chacra, más cambia el color hacia la zona de la luz de ondas cortas del espectro solar. Esto significa que tenemos nuestro punto energético en el Muladhara chacra, que es de color rojo. Después cambia en el sentido de la escala de los colores del espectro solar, primero amarillo/naranja (anhata) y después azul/blanco (sahasrara); el color blanco crece haciéndose más lúcido y termina siendo más un punto de luz que un color determinado.

La cantidad de «pétalos de la flor»

En la tradición hindú cada chacra tiene un número de hojas, lo que lleva a la conclusión de que el monto de hojas de cualquier chacra depende de la frecuencia de su oscilación; de ahí la creencia tradicional en que la cantidad de hojas no es exacta, sino aproximada. Se puede también observar cuándo el grado de oscilación es más alto en la medida en que localizamos más arriba el centro energético sobre la columna.

La transmisión y el origen de la sabiduría de los chacras

Los conocimientos más antiguos vienen de la India, pues en el budismo tibetano y en el yoga utilizaron para la meditación el conocimiento de los chacras, como un nudo en la base de la columna vertebral. A partir de ahí con frecuencia los teósofos, como J. Woodroffe (Avalon) y C. W. Leadbeater, transmitieron este conocimiento en los círculos culturales de Occidente, aunque en la literatura occidental las informaciones sobre los chacras que se remontan a la época anterior de estos teósofos son muy escasas. Este tipo de escritos es algo muy valioso, pues nos dan la seguridad del hecho de que los chacras fueron examinados en diversos círculos culturales y así se tratan con una percepción objetiva, sea mediante una explicación psicológica o esotérica.

KUNDALINI Y LOS CHACRAS

KUNDALINI:

Energía cósmica que activa la conciencia.

1.er CHACRA: MULADHARA

Localizado en la base de la columna, este centro representa la urgencia por sobrevivir.

2.º CHACRA: SVADHISTHANA

Localizado en el área genital. Es el centro de la excitación y de la energía sexual.

3.er CHACRA: MANIPURA

Localizado en el plexo. Este centro representa el poder.

4.º CHACRA: ANAHATA

Localizado en el corazón.

5.º CHACRA: VISUDDHI

Localizado en la garganta, representa la creatividad y la creación.

6.º CHACRA: AJNA

Conocido como el tercer ojo.

7.º CHACRA: SAHASRARA

Localizado en la coronilla de la cabeza, es el loto de los mil pétalos.

¿CON QUÉ OTRO NOMBRE SE LOS CONOCE?

Ya hemos dicho que los chacras son vórtices (remolinos) esféricos en el cuerpo etérico que actúan como transmisores de energía y que tienen influencia en nuestra actividad en el plano físico a través del funcionamiento de las glándulas endocrinas (glándulas de secreción interna). Estas glándulas afectan a nuestro funcionamiento corporal, al balance mental y a la integridad emocional. Dependiendo del uso que hagamos de ellos y de nuestras energías, serán constructivos o discordantes.

Nuestro cuerpo etérico tiene siete chacras básicos, aunque no existen chacras buenos o malos, pues todos son necesarios, tanto para las experiencias terrestres como para el mismo proceso de espiritualización. Cada uno tiene una función distinta, pero no hay que olvidarse de que funcionan como un todo, y esa unidad debe estar en equilibrio. Cada chacra tiene una función dual, a excepción del primero y el séptimo; esa función dual consiste en una actividad mundana y otra espiritual.

CHACRA RAÍZ

También denominado Centro de Seguridad, Muladhara.

Ubicación: El perineo, el espacio que se encuentra entre el ano y los órganos sexuales.

Color: Rojo.

Partes del cuerpo: Sistema linfático, sistema óseo (dientes y huesos), la próstata en los hombres, el plexo sacro, la vejiga, el sistema de evacuación y las extremidades inferiores (piernas, pies, tobillos, etc.). También la nariz, puesto que es el órgano relacionado con el sentido del olfato, el sentido asociado con la supervivencia.

Glándula endocrina: Glándula suprarrenal.

Sentido: Olfato.

Conciencia: La seguridad, la supervivencia, la confianza, la relación con el dinero, el hogar, el trabajo. La capacidad de mantenerse firme, de estar presente aquí y ahora. La capacidad de permitirnos estar nutridos, en el sentido de permitir que nuestro ser interior esté satisfecho. Este chacra también refleja la conexión de una persona con su madre, y con la Madre Tierra. El modo en que nos sentimos al estar en la tierra, la conexión con el cuerpo físico.

Las sintonías o tensiones en las partes del cuerpo controladas por este chacra indican tensiones en las partes de la conciencia que están relacionadas con dicho chacra. Algunas tensiones las experimentamos en forma de inseguridad, como un filtro perceptivo general. A un nivel mayor de tensión sentimos miedo y más allá de este límite se experimenta como una amenaza a la supervivencia.

Elemento: Tierra.

CHACRA NARANJA

También denominado Centro de Sensaciones, Chacra del Bazo, Hara, Svadhistana.

Ubicación: El centro del abdomen.

Color: Naranja.

Partes del cuerpo: Sistema reproductor, órganos sexuales y plexo lumbar.

Glándula endocrina: Gónadas.

Sentido: Sentido del gusto, apetito.

Conciencia: Este chacra se asocia con las partes de la conciencia relacionadas con la comida y el sexo. Tiene que ver con la comunicación del cuerpo con el ser interior, con lo que el cuerpo quiere y necesita, y con lo que encuentra placentero. La capacidad de tener hijos también está asociada a este chacra y, si no hay una relación clara con el elemento agua, debe asociarse al mismo. Nuestra relación con el agua es un reflejo de nuestra relación con las partes de nuestra conciencia asociadas a este chacra, aunque también está asociado al cuerpo emocional y a nuestra voluntad de sentir emociones.

Elemento: Agua.

CHACRA DEL CORAZÓN

También denominado Centro del Amor, Anahata.

Ubicación: Centro del pecho.

Color: Verde esmeralda.

Partes del cuerpo: Este chacra está relacionado con el corazón y el sistema circulatorio, con el plexo cardiaco, con los pulmones y con toda la zona del pecho.

Glándula endocrina: Glándula timo, que controla el sistema inmunológico.

Sentido: Sentido del tacto, en su aspecto relacionado con la persona que hay en el interior del cuerpo, y distinta a la sensación del Chacra Naranja, que tiene más relación con lo que sentimos de nuestro propio cuerpo. Por tanto, abrazar es una actividad propia del Chacra del Corazón, ya que somos conscientes de lo que siente la persona que se encuentra en el interior del otro cuerpo, y del mismo modo ésta siente lo que nosotros sentimos en el interior del nuestro. La sensibilidad para ser tocado indica la sensibilidad del Chacra del Corazón.

Conciencia: Percepciones de amor, relaciones con gentes cercanas a nuestro corazón, por ejemplo nuestra pareja, hermanos, padres o hijos. Las dificultades al respirar o complicaciones con los pulmones, los órganos del aire, indican tensión en el Chacra del Corazón. La relación de una persona con el aire refleja su relación con el amor.

El SIDA es un problema de la percepción humana del amor, ya que el sistema inmunológico se ve afectado por esta enfermedad. El estilo de vida de esas personas las separa de aquellos a quienes aman.

Elemento: Aire.

CHACRA DE LA GARGANTA

También denominado Centro del Cuerno de la Abundancia, Visuddhi.

Ubicación: Base de la garganta.

Color: Azul celeste.

Partes del cuerpo: Este chacra controla la garganta, el cuello, los brazos y las manos. Está asociado con el plexo braquial o cervical.

Sentido: El oído.

Glándula endocrina: Glándula tiroides.

Conciencia: Los aspectos de expresar y recibir. La expresión puede manifestarse tanto en la forma de comunicar lo que se siente, como en forma de expresión artística; un artista pintando un cuadro, un bailarín danzando o un músico tocando un instrumento. En definitiva, utilizando un modo de expresar y dar al exterior lo que hay en el interior. Expresar está relacionado con recibir: «Pide y recibirás.»

Este chacra está asociado con escuchar nuestra propia intuición, para no huir a través de un flujo óptimo en el que vemos claramente nuestras metas y donde parece que el universo nos proporciona todo lo que necesitamos sin ningún esfuerzo por nuestra parte. Es un estado de gracia.

Además, la abundancia está también asociada con este chacra, en el aspecto de poder recibir incondicionalmente la abundancia del universo.

Éste es el primer nivel de conciencia en el que se percibe directamente el siguiente, y se experimenta la interacción de uno mismo con esta otra inteligencia.

Metafísicamente, este chacra está relacionado con la creatividad, con la creación, con manifestar al mundo físico el cumplimiento de nuestras metas.

Elemento: El éter, como cruce entre el mundo físico y el mundo del espíritu. En el plano físico, corresponde al espacio profundo como el elemento físico más sutil. Metafóricamente, representa la relación de una persona con su espacio, la película que se proyecta a su alrededor.

Desde el punto de vista de lo espiritual, representa la matriz en la que se manifiesta la realidad física.

CHACRA DE LA FRENTE

Conocido como el Tercer Ojo, o Ajna.

Ubicación: Parte central de la frente.

Color: Índigo, añil.

Partes del cuerpo: Este chacra está asociado con la frente, las sienes y con el plexo carótido.

Glándula endocrina: Glándula pituitaria.

Sentido: Percepción extrasensorial, todos los sentidos interiores que corresponden a sentidos externos, y que juntos se consideran comunicación «de espíritu a espíritu».

Conciencia: Este chacra está asociado con el nivel interior profundo del ser al que llamamos espíritu, y también está asociado a lo que consideramos espiritualidad y perspectiva espiritual, el punto de vista desde esa parte más profunda de nuestro ser que las tradiciones occidentales consideran subconsciente o inconsciente. Es el lugar en el que se encuentran nuestras verdaderas motivaciones, y es el nivel de conciencia que dirige nuestras acciones y, de hecho, nuestras vidas.

También es el punto de vista desde el cual vemos los acontecimientos del mundo físico, como la manifestación de la colaboración entre los seres implicados en esos acontecimientos.

Elemento: El Sonido Interno, el sonido que oímos en nuestro interior y que no depende de los acontecimientos exteriores. A menudo la medicina tradicional lo considera una condición patológica, pero las tradiciones orientales lo ven como un requisito previo necesario para un mayor crecimiento espiritual.

CHACRA DE LA CORONILLA

También conocido como Centro de Conciencia Cósmica, Centro «YO SOY», Sahasrara.

Ubicación: Parte superior de la cabeza.

Partes del cuerpo: Este chacra está asociado con la parte superior de la cabeza, el cerebro y todo el sistema nervioso.

Glándula endocrina: Glándula pineal.

Sentido: Sentido de empatía, unidad, sentir las experiencias de otras personas como si se estuviera dentro de ellas, poniéndose en su lugar.

Conciencia: El Chacra de la Coronilla representa esa parte de nuestra conciencia relacionada con las percepciones de unidad o de separación. Del mismo modo que el Chacra Raíz muestra nuestra conexión con la Madre Tierra, este chacra muestra nuestra relación con nuestro Padre en el Cielo. Representa nuestra conexión con el padre biológico, que es el modelo de nuestra relación con la autoridad, y finalmente, con Dios. Es el nivel del alma.

Cuando experimentamos una sensación de separación del padre, cerramos el Chacra de la Coronilla y experimentamos una sensación de aislamiento y soledad, como si estuviéramos en el interior de una concha y tuviéramos dificultad para ponernos en contacto con la gente que nos rodea. Los procesos mentales tienden a justificar la sensación de soledad.

La visión desde este chacra incluye verse a uno mismo como una conciencia individual que lo crea todo y, paradójicamente, de este modo está conectada a todo, como un soñador que sueña una bella historia y se da cuenta de que todo lo que percibe no es más que una extensión de su propia conciencia.

Elemento: La Luz Interior que se experimenta cuando se llega a la parte más profunda del ser, como un punto de conciencia que resplandece con la inteligencia. Metafísicamente, está considerado como el elemento más sutil de todos los que componen el universo físico. También se lo llama Luz Blanca.

CHACRA KUNDALINI

El segundo camino es el «Vamamarga» o la «mano izquierda», aunque también es llamado a veces igualmente «sexo sagrado» o tantra sexual. La pareja, con su «acoplamiento», rinde culto a las reencarnaciones y la perpetuidad de la especie. El murti (forma), de Shiva y Shakti, y el Shakti otorgan la energía psíquica dominante para que podamos alzarlos más allá del conectar mundano a un reino extremista-dimensional de pérdida del ego.

Según la leyenda, «tantra es el yoga de lingam y yoni, vara y taza, espina y cráneo, flecha y corazón, oblea y vino, vela y campanilla, espada y sangre, afilamiento y llama».

En la India tienen un refrán: «Shiva sin Shakti es un cadáver», y de hecho Shakti, o Kali, se pinta bailando a menudo en el cuerpo supino, inerte, de Shiva. Este aforismo da énfasis a ese Shakti preeminente; lo mejor de la vida, el cuerpo como una manifestación literal de los límites físicos de un templo y entrar en ella es realizar la «masa» en el interior, el «sanctorum del santuario» en las profundidades de su ser.

La numerología india utiliza el equivalente de «temura» (anagramas), como en el cábala hebreo, para demostrar el poder de Shakti. La única calidad de Shiva viene de la vocal «i» y cuando Shakti recobra la letra la consonante produce «shava», que en medios sánscritos significa «cadáver».

INTEGRACIÓN EN EL HEMISFERIO DEL CEREBRO

La técnica siguiente es una fusión del «Chacra Breathing», de Swami Satyanandá, y se extrae del libro *Cha-*

cras y Kundalini, uno de los muchos métodos originales basados en las enseñanzas clásicas.

MEDITACIÓN COPPER

Esta meditación emplea el sistema de fijar la atención en Ajna, acoplada con un proceso de visualización y de respiración, y contando hacia atrás. El método es sumamente eficaz para aplanar las ondas cerebrales, sincronizando los hemisferios y permitiendo que el parasimpático desarrolle ramas al sistema nervioso autónomo para ganar rápidamente energía.

Hay un reconocimiento subyacente inherente a todas las prácticas y es la integración de ambos hemisferios cerebrales como factor necesario para la verdadera meditación. Cada técnica tiene que construir estos métodos para ocupar todo el cerebro.

Puede decirse que el hemisferio izquierdo representa Pingala, Shiva, el Sol, los procesos racionales y los verbales; mientras que el hemisferio derecho es lo opuesto, la relación polar a Ida, Shakti, la Luna, los procesos intuitivos y no verbales.

Con esta meditación cuidamos del hemisferio izquierdo contando hacia atrás silenciosamente, en sincronía con el ciclo respiratorio, de 10 a 1. Puesto que tendemos a contar adelante automáticamente, obligamos al cerebro izquierdo a que modifique sus aprendidas lecciones.

El cerebro derecho está ocupado visualizando un arroyo de luz blanca (o luz azul o amarilla, si se prefiere) entrando en Ajna, también en sincronización con la respiración.

Finalmente, ambos hemisferios tienen su corteza sensorial respectivamente libre (especialmente las áreas táctiles) y simultáneamente debemos presionar encima de la región de Ajna con una pequeña moneda.

La moneda se convierte en un dispositivo de retroalimentación biológica extraordinario y barato que supervisa la tensión del músculo de la frente, reduciendo la intensidad de los dolores de cabeza donde el dolor es constante. Esto en realidad es un instinto del organismo, pues todos nos presionamos la cabeza cuando nos duele para mitigar el dolor.

El hueso frontal de la frente es la única área en el cuerpo donde puede crearse un efecto de succión de vacío. El sangrado anatómico está en la mitad de la frente, en una subdivisión del chacra Ajna, llamado el chacra Rudhra.

TÉCNICA

1. Ponga la base de la moneda entre las cejas, sólo en la raíz de la nariz, sujetándola con el dedo índice.
2. Resbálelo para situarlo bruscamente en el centro de la frente.
3. Empuje la moneda firmemente en la frente con el dedo índice y entonces quite el dedo.
4. La moneda se quedará ahora en esa misma posición, siempre que mantenga el músculo frontal relajado, y continuará quedándose allí durante toda la meditación. En el caso de que contraiga los músculos de la frente, voluntaria o involuntaria-

mente, la moneda se caerá y deberá comenzar de nuevo.

Uso de una moneda como un dispositivo de retroalimentación biológica para los dolores de cabeza y el estrés.

Si usted se relaja suavemente y se concentra en mantener la moneda en posición, se entrenará en un buen sistema para relajar los músculos en esa área. Los dolores de cabeza tienden a estar ocasionados por problemas vasculares (incluso la migraña) o como un dolor impreciso que se asemeja a llevar una venda muy apretada alrededor de la cabeza. Este último tipo, los dolores de cabeza de tensión, responde a usar la moneda como método de retroalimentación biológica e, indudablemente, uno de los sistemas de retroalimentación biológica más baratos del mundo.

Cuando estemos listos para considerar que el sistema implica dominar correctamente la respiración, algo que los ingleses denominan como «breathing», y una vez puesta la moneda en el lugar adecuado, hay que concentrarse en la respiración natural que fluye hacia, por y fuera de los orificios nasales. Cuando la respiración está ya estabilizada, en lugar de concentrarse en cada inhalación, visualice la energía (blanca, azul u oro) fluyendo a su orificio nasal mediante ese tercer ojo que usted puede ahora sentir gracias a la sensación de la moneda situada en la frente.

Cuando exhale, imagine la fuente de energía coloreada del Ajna apuntando abajo y fuera de su orificio nasal izquierdo. Cuando perciba esta marcha atrás notará que los flujos de respiración entran en el orificio nasal izquierdo a la moneda, y en la exhalación subsiguiente, de Ajna, salen fuera por el orificio nasal derecho. Numere esta operación como diez y habrá completado ahora el primer ciclo. Continúe el procedimiento, y en la realización de la ronda mentalmente diga «nueve», y así sucesivamente hasta que alcance «uno», punto en el cual empezará de nuevo con «diez».

Esta sucesión de cuenta atrás se hace para que la duración de la meditación sea entre veinte y treinta minutos, y hay que evitar que pierda la cuenta. Si lo hace así, conseguirá corregir tanto el sueño inoportuno del mediodía, como el pertinaz insomnio de la noche. En el caso de que pierda la cuenta y perciba que ha perdido la concentración, simplemente escoja cualquier número que crea que es el que corresponde, o empiece desde el principio. Contar es solamente un dispositivo pensado para «recortar» la actividad del cerebro izquierdo.

RESUMEN

1. Prepárelo en una postura de meditación tipo yoga, en una silla o en el suelo.
2. Ponga la moneda en la marca de Ajna. (Nota: si la moneda se cae durante la meditación, no intente recuperarla y continúe manteniendo el ritmo con la respiración.)
3. Mientras se da cuenta de la presión táctil de la moneda contra su piel en Ajna, también se dará cuenta de la respiración que fluye a través de los orificios nasales.

4. Empiece a enfocar exclusivamente los movimientos de respiración en el orificio nasal derecho, y luego exclusivamente en el orificio nasal izquierdo, rastreando el movimiento de aire con un color imaginado psíquicamente que lleva a Ajna en la inspiración y baja de Ajna en la exhalación. Cuando esté abajo cierto tiempo vuelve a Ajna. Cuente de diez a uno y repita.

VENTAJAS DE LA MEDITACIÓN

Después de varias semanas de práctica conseguirá prescindir ya de la moneda, aunque psíquicamente la percibirá allí cada vez que quiera relajarse y meditar. Como consecuencia, podrá entonces inducir este estado especial de conciencia en cualquier parte: en el autobús, en la oficina, el hogar, etc.

LOS CHACRAS DE VAJRAYANA

Chacra	Rayos (pétalos)	Situación	Forma de centro	Color	Cuerpo	Actividad	Deidades
Chacra de Mahasukha	32	Cabeza	Triangular	Blanco	Swabhavi-kakaya	Cuerpo, vigilia	Cólera
Sambhoga chacra	16	Garganta	Circular	Rojo	Sambhoga-kaya	Lenguaje, sueño	Sabiduría
Dharma chacra	8	Corazón	Circular	Blanco	Dharma-kaya	Mente, dormir	Paz
Nirmana chacra	64	Ombligo	Triangular	Rojo	Nirmana-kaya		

La doctrina de Shakta desarrolla y postula siete chacras:

1. Muladhara o «Apoyo de la Raíz», situado en la base de la espina con cuatro «pétalos».
2. Swadhishthana o «Propia Morada», en la raíz de los genitales con seis.
3. Manipura o «Llenura de Joyas», al nivel del ombligo con diez «pétalos».
4. Anahata o «Melodía de Unstruck», en el centro del corazón con doce.
5. Vishuddha o «Pureza Completa», en la garganta con dieciséis.
6. Ajna u «Orden de Gurú», en la frente con dos «pétalos».
7. El centro de la corona, el Sahasrara-Padma o «mil pétalos de loto», localizados en la misma cima de la cabeza, no está, hablando técnicamente, en absoluto considerado como un chacra, sino como la suma de todos los chacras.

Los chacras se sitúan a lo largo de la zona central o Sushumna (normalmente localizados en la espina dorsal). En el chacra más bajo, el Muladhara, en la base de la espina, allí está la conciencia, la energía latente, las mentiras, el Kundalini-Shakti, así como el microcosmo del Shakti, la parte cósmica creativa.

Cuando esto se despierta, puede hacerse ascender el Sushumna, activando o disolviendo (dependiendo de la tradición yogui) cada chacra a su vez, hasta que alcance el más alto, o chacra de la corona, el Sahasrara, donde mora la deidad o Shiva Supremo (Paramashiva). Cuando el Kundalini-Shakti se une con Paramashiva, el equilibrio trascendente original se restaura, y el yogui vuelve al estado de unidad con lo absoluto.

Los chacras se describen como estaciones o centros de pura conciencia (chaitanya) y de conciencia-poder. Son puntos focales de meditación, una iconografía estructurada dentro del oculto o «cuerpo sutil». Aparte del Sahasrara, cada chacra se describe por medio de una porción entera de asociaciones simbólicas o correspondencia.

Si tenemos en cuenta la especulación del Upanishads, cada chacra, así como tiene una posición específica en el cuerpo físico, elemento, mantra y deidad, también tiene un número particular de «pétalos», cada uno asociado con una de las cartas del alfabeto sánscrito. También posee un color correspondiente, forma, animal, plano de existencia, sentido y órgano.

Como normalmente ocurre con los sistemas esotéricos intelectuales, muchas de estas correspondencias son arbitrarias; por ejemplo, el olor y los pies con Muladhara, el sabor y las manos con Swadhishthana, la vista y el ano con Manipura, etc. Estas asociaciones están todas basadas en la sucesión de Samkhyan de sus atributos.

Además de los siete chacras mayores colocados a lo largo de la espina, hay también chacras en las manos, pies y genitales. Hay también, junto a los siete chacras mayores, varios otros chacras a lo largo de la espina. En los trabajos detallados exhaustivamente relativos a los chacras, según la comprensión india tradicional, Layayoga se considera como un método avanzado de concentración, mientras que Shyam Sundar Goswami cita numerosas referencias y describe trece chacras en total: los siete chacras normales, más otros seis menores.

He aquí la lista de chacras según este modelo:

CHACRA	POSICIÓN	PÉTALOS	TATTWA	ELEMENTO
Sahasrara	Sobre la cabeza	1.000	Trascendente	Espíritu trascendente
Gurú	Sobre la cabeza	12		
Nirvana	Corona	100	Origen de mente	Mente
Hindú	Frente	16	Buddhi	
Manas	Frente	6	Chitta	
Ajna	Frente	2	Manas	
Talu/Lalana	Boca	12 o 64	n/a	n/a
Vishuddha	Garganta	16	Espacio	Elemento
Anahata	Corazón	12	Aire	
Hrit	Corazón	8	n/a	
Manipura	Ombligo	10	Fuego	
Svadhisthana	Genitales	6	Agua	
Muladhara	Base de la columna vertebral	4	Tierra	

La referencia también se hace en todos los textos tántricos como cauces de fuerza vital (prana). Según las enseñanzas tántricas tradicionales, los siete chacras se atan como perlas o joyas a lo largo del hilo delgado inteligente del nadi del sushumna, que es el nadi primario en el cuerpo. En cualquier lado del sushumna los dos nadis secundarios principales se sitúan así: la luna blanca en el izquierdo, conteniendo la vitalidad descendente (apana), y el sol rojo en el derecho, conteniendo la vitalidad ascendente (prana en el sentido estrecho del término). El yogui tántrico apunta para dirigir los aires sutiles de estos dos cauces primarios de cada lado en el nadi del sushumna central, y así activa el Kundalini, la energía latente. Esto asciende a su vez entonces a través de cada uno de los chacras, y cuando alcanza la cima de la cabeza, el yogui logra la liberación.

La comprensión de los chacras y el Kundalini en Occidente deriva grandemente de los estudios de John Woodroffe en su libro *The Serpent Power*, un trabajo muy técnico, publicado por vez primera en 1919 bajo el seudónimo de Arthur Avalon. Este primer (y todavía único) libro serio sobre los chacras y el yoga de Kundalini publicado en Occidente, realmente es una traducción de dos textos bengalíes del siglo XVI, junto con una prolongada y razonada introducción de Woodroffe. El libro de Woodroffe, junto con sus propias conclusiones, trata las metafísicas de Shakta y la cosmología, el Yoga de Patanjali, y la práctica tántrica, así como los propios chacras. Desgraciadamente, es muy difícil de entender para el principiante y mucho me temo que este pequeño manual también lo sea. No obstante, ese libro sirvió como inspiración y texto de referencia maestro (normalmente sin reconocimiento) para muchos escritores esotéricos occidentales.

CHACRA DEL BAZO

La idea del chacra del bazo fue difundida por Alice Wall (o su fuente, *El Tibetanismo*), y a través de ella se consiguió establecer como un «hecho» cierto dentro de la teosofía general y en el mundo de las ciencias ocultas esotéricas.

Nombre del chacra y posición	**Número de pétalos**	**Vértebra asociada**	**Plexo del nervio asociado**
Corona	972	n/a	n/a
Frente	96	1.ª cervical	Carótida
Garganta	16	3.ª cervical	Faríngeo
Corazón	12	8.ª cervical	Cardiaco
Ombligo	10	8.ª torácica	Coelac o solar
Bazo	5	1.ª lumbar	Esplénico
Coccygeal	4	4.ª sacral	Coccygeal

RADHA SOAMI (Sant Mat)

El yogui indio Huzur Swamiji Maharaj (Seth Shiv Dayal Singh) (1818-1878) dedujo del tántrico hindú Sikh, y de las tradiciones del Sufi, la formulación de su propia cosmología y el camino espiritual. Después sus enseñanzas entraron a formar la base de una nueva religión, Sant Mat, llamada «Enseñanza de los Santos» o Radha Soami, «Señor del Alma», que actualmente tiene varios millones de seguidores en la India norteña.

LOS CHACRAS Y EL MUNDO

Huzur Swamiji enseñó que había seis mundos inferiores, asociados con los seis chacras más bajos, y seis más altos; el más bajo era asociado con el chacra de la corona.

En otras palabras, él afirma haber ido más allá y logrado una enseñanza oculta más desarrollada.

Los mundos más bajos constituyen el universo espiritual material e inferior llamado Pinda, «cuerpo», mientras que los más altos, cada uno asociado con una melodía divina o vibración (shabda o nada), eran los mundos espirituales superiores, los mundos de la Mente Universal (Brahmandi). Cada mundo es una región celestial gobernada por un dios particular, y aunque cada mundo parece ser el más alto, siempre hay otro que va más allá. Armonizando las vibraciones internas de cada uno conseguimos llegar al mundo «celestial», donde se puede ascender a través de varios planos, hasta llegar al nivel de Dios, más allá de todos los mundos.

El cuadro siguiente resume la cosmología de Huzur Swamiji:

1.	Radha Swami, deidad
2.	Región primera
3.	Región intermedia
4.	Primera región celestial, el Mundo Divino, donde se sienta Nam o se sentaba Lok
5.	Segunda región celestial, el Banwar Gupha (una región intermedia)
6.	Tercera región celestial, Mahasunna Great Nulo
7.	Cuarta región celestial, Daswan Dwar, donde se liberan las almas

8.	Quinta región celestial, Trikuti, la región del Cielo de los Dioses
9.	Sexta región celestial, Sahasdal Kamal, chacra de la Corona; el Cielo inferior
10.	Primer Ganglio Ajna, la morada del alma, el Cielo inferior
11.	Segundo Ganglio Vishuddha, el prana, los sueños
12.	Tercer Ganglio Anahata, Shiva, el cuerpo sutil
13.	Cuarto Ganglio Manipura, Vishnu, el prana grueso
14.	Quinto Ganglio Swadishthana, Brama, lo físico
15.	Sexto Ganglio Muladhara, Ganesha

EL RADHA

La cosmología de Soami

La región celestial

Estos términos proceden de diversas fuentes, y a veces están sacados de contexto. Dashama-dwara, por ejemplo (aquí, «Daswan Dwar», la séptima región de la cima), era originalmente un término en Tantra Natha como un agujero pequeño o vacío en la raíz del chacra del paladar (chacra del talu), que mediante la meditación proporciona un estado trascendente de la conciencia.

Debajo de este chacra está Sahasrara, pero los cinco chacras sobre el chacra de la corona necesariamente no representan estados más altos de conciencia más allá del estado del esclarecimiento tradicional. Puede ser que lo que Huzur Swamiji llamó «Se Sentaba Lok» (o Satya-loka en sánscrito) realmente es el Sahasrara de otros sistemas indios (por ejemplo, la equivalencia tradicional de Satya-loka con el Sahasrara) y sus otros cinco chacras más altos son chacras intermedios. En el plano del chacra trece, por ejemplo, hay varios chacras intermedios y con puntos de poder espiritual en el eje de la cabeza, entre el Ajna, o frente-chacra, y la parte más alta del Sahasrara, o chacra de la corona.

Las teorías de los chacras están muy basadas en los conceptos religiosos tradicionales, así como en la iconografía de esa cultura particular. Una interpretación más libre de los chacras se introdujo en Oriente por los teósofos y empieza con C. W. Leadbeater, en sus libros *La Vida Interna* y *Los Chacras*. Del último libro, publicado por primera vez en 1927, se han vendido más copias que de cualquier otro libro teosófico, por lo que los libros de Leadbeater suelen ser frecuentemente objeto de referencia para observaciones importantes difundidas por casi todos los teósofos y escritores de temas esotéricos, así como para los clarividentes.

Según esta interpretación, los chacras pueden percibirse a través de la visión psíquica, o clarividencia («vista clara»), algo que es bastante diferente de lo que encontramos en el tantra, especialmente en el tantra tibetano. En esta idea el yogui «crea» los chacras como parte de sus ejercicios mentales, y por ello en una clase de yoga existe cierta visualización. Pero los teosofistas y los de la Nueva Era, así como algunos clarividentes, dicen que los chacras tienen una existencia objetiva independiente en los cuerpos sutiles, que pueden ser percibidos por cualquiera que haya desarrollado facultades apropiadas.

Según la percepción del clarividente, los chacras se ven como vórtices de energía en cada uno de los cuerpos sutiles. Esto es de nuevo bastante diferente del tantra hindú, de los tibetanos y de otras tradiciones, donde los chacras son centros sutiles de conciencia, pero no tienen ninguna energía propia.

Leadbeater también fue el primero en sugerir que los chacras son transformadores de la energía/conciencia y que se unen a varios cuerpos sutiles (el cuerpo etérico, el cuerpo astral, el cuerpo mental, etc.), funcionando según la frecuencia de la conciencia en el cuerpo más alto, para que pueda ser recibido por el más bajo.

La mayoría de los escritores esotéricos ahora también parecen estar de acuerdo en que los chacras son los receptores de la energía/conciencia y transmisores que permiten a la persona que los asimile la vitalidad cósmica necesaria para alcanzar estados de felicidad y conocimiento. Se pone énfasis, por consiguiente, en la salud de los chacras; si están abiertos o cerrados, bloqueados o aclarados, y si ruedan en el sentido de las agujas del reloj o en el contrario a ellas.

Cada uno de los chacras también está asociado con glándulas endocrinas particulares, ganglios o el plexo en el sistema nervioso simpático. La idea es que los funcionamientos sutiles de los chacras están relacionados y repetidos en el cuerpo físico a través de la actividad de varias glándulas y el plexo solar. Aunque Woodroffe y varios escritores hindúes contemporáneos hicieron algunas contribuciones en este sentido, fueron teosofistas como Leadbeater y Alice W. quienes realmente asumieron esta idea como dogma.

Localizar el chacra específico de la vértebra también es una idea relativamente reciente y a los escritores de los textos tántricos originales les puede haber faltado el conocimiento anatómico adecuado para hacer declaraciones precisas como éstas. Pero también es un hecho que, a pesar del conocimiento moderno, los escritores contemporáneos discrepan a menudo sobre de las posiciones exactas de los chacras. El Manipura se localiza, por ejemplo, a veces en el ombligo y a veces en el plexo solar.

La idea del chacra del bazo fue promovida por Alice (o su fuente, «el Tibetano»), y a través de ella y de Leadbeater se estableció como cierto dentro del concepto teosófico y es asumido por el mundo del ocultismo y el esoterismo.

LOS CHACRAS SEGÚN SRI AUROBINDO

Sri Aurobindo (1872-1950) fue el único representante de la psicología vertical o jerárquica («psicología íntegra») cuyas conclusiones sirvieron como base para su concepto de los chacras. Lo siguiente resume su psicología (con niveles diferentes de altura de conciencia con los chacras tántricos):

— Centro bajo (Muladhara): «gobierna el físico debajo del subconsciente».
— Centro abdominal (Swadhishthana): «gobierna la vitalidad más baja» y sólo tiene relación con los greeds, los pequeños deseos, las pasiones pequeñas, etc., que hacen el material diario de vida para el hombre sensacional ordinario.
— Centro del ombligo (Manipura): «gobierna la vitalidad más alta».
— Centro del corazón (Anahata): «gobierna al ser emocional».
— Centro de la garganta (Vishuddha): «gobierna la expresión y los sentimientos externos».
— Centro de la frente (Ajna): «gobierna a la mente dinámica, amor, visión, la formación mental».
— El loto de los mil pétalos (Sahasrara) otorga «las órdenes de la mente al pensamiento más alto, aunque para ello hay que iluminar los caminos de la vida y los sentimientos, potenciando la intuición a través de la comunicación o el contacto inmediato».

LA TEORÍA DEL ARCO IRIS DE LOS CHACRAS

Woodroffe y Leadbeater son las personas más influyentes con respecto a los chacras, o al menos así las considera Christopher Hills, filósofo espiritual e investigador que dispone de su propia universidad.

En un libro muy extenso, *Evolución Nuclear*, publicado en los años 70, Hills sugiere que cada uno de los chacras corresponde a uno de los siete colores del espectro, los cuales asocia a cada chacra y color con un tipo de personalidad. Gran parte del libro *Evolución Nuclear* se consagra a explicar cada uno de estos tipos de personalidad con todo detalle. Su tipología es bastante fascinante, y ciertamente iguala con detenimiento a la tipología de la personalidad de otros sistemas de análisis del carácter más difundido por las universidades, como los de Carl Jung y la Astrología Humanística.

El esquema básico es como sigue:

Término sánscrito	**Posición**	**Tipo**	**Personalidad-Características**
Sahasrara	Corona	Tipo con primordial imaginación	Imaginación, vergüenza y portentoso
Ajna	Frente	Tipo intuitivo y visionario	Intuición, sensibilidad, envidia o admiración
Vishuddha	Garganta	Contemplativo y nostálgico	Conceptos mentales, autoridad y reverencia
Anahata	Corazón	Tipo con seguridad en sí mismo	Fuerza vital; posesión y poder
Manipura	Plexo solar	Intelectual	Pensante, intelectual y cambiante
Swadhisthana	Plexo esplénico	Social-gregario	Social y ambicioso
Muladhara	Genitales	Reconocimiento-sensación	Sensación de sexo, miedo y enojo

Nota: Las posiciones de los chacras son un poco diferentes a las posiciones normales. El Muladhara se identifica con los genitales (ordinariamente la posición del Swadhisthana), mientras que Leadbeater cree que el Swadhisthana se identifica con el «plexo esplé-

nico», aunque con total ignorancia anatómica, puesto que este centro todavía se localiza más o menos debajo del ombligo. El Manipura se localiza entonces en el plexo solar, en lugar del ombligo (como en el sistema indio).

Aunque los aspectos psicológicos de esta teoría no tuvieron éxito, la idea de emparejar los siete chacras con los siete colores del espectro es algo que ya ha sido aceptado por muchos investigadores.

INTERPRETACIÓN

Es posible que los chacras referidos aquí no sean iguales que los chacras referidos en el yoga tántrico. Todos los atributos son en primer lugar totalmente diferentes, y los chacras descritos representan órganos mayores de la personalidad externa, considerando que en el tantra tibetano y en el hindú los chacras (y la corteza en el taoísmo) representan facultades sutiles que sólo se activan en un estado avanzado de la práctica del yoga, y que si pertenecen a algo, es al ser interno sutil.

Parecería creíble que para identificar los chacras del arco iris con los chacras del cuerpo etérico, deberíamos buscar la formulación de Ana Brennan, y quizá también la concentración focal que se menciona en el *Tao Curativo,* de Mantak Chia, con su revisión del microcosmo. Los chacras del arco iris por consiguiente, si tienen alguna validez, lo serán porque pertenecen a los cuerpos etéricos, en especial el segundo («emocional»), cuarto («astral») y sexto («celestial»). Ellos pertenecerían al secundario, e incluso al terciario orden de chacras.

LAS APROXIMACIONES A LA DOCTRINA DE LOS CHACRAS EN OCCIDENTE

La tradición platónica

Ninguna doctrina chacra completa o tradición esotérica se desarrolló dentro de Occidente de la manera que lo hizo en la India, Tíbet y China. En cambio, encontramos numerosas filosofías que se desarrollaron durante algún tiempo y que se apagaron pronto. Solamente con la llegada de la teosofía, con su énfasis orientalista bajo el modelo de Shakta-tantra, la doctrina del chacra fue adoptada y siguió en una sólida y única dirección.

PLATÓN (429-347 a.C.)

Aristocles de Atenas, apodado Platón (*Plátwn* = «el de anchas espaldas»), nació, probablemente, el año 428-427 a.C. en Atenas, o quizá en Aegina. Pertenecía a una familia noble en la cual su padre, Aristón, se proclamó descendiente del rey Codro, el último rey de Atenas.

A partir del año 407 a.C. Platón frecuenta el círculo socrático, en el que permanecerá durante ocho años siguiendo sus enseñanzas. Cuando en el año 399 Sócrates es condenado por el Tribunal de los Quinientos a beber cicuta, como una forma incruenta de inmolación, Platón no asistirá a los últimos momentos de su maestro. Después, temiendo represalias sobre los seguidores de Sócrates y también por estar emparentado con los Treinta Tiranos, Platón viaja a Megara, donde se encuentra con Euclides el Megárico.

Empezará una época viajera para el filósofo, que irá a Egipto y a la Cirenaica, donde probablemente entabla relación con Aristipo de Cirene y el matemático Teodoro. Marcha después al sur de Italia, donde entra en contacto con la comunidad pitagórica y, en especial, con Arquitas de Tarento. En ese momento, el pitagorismo tendrá una enorme influencia en la filosofía de Platón.

En el 388 Platón viaja a Sicilia invitado por el tirano Dionisio I e intenta influir en sus ideas políticas y filosóficas, con la esperanza de poner en marcha su ideal de ciudad. Sin embargo, las susceptibilidades que despierta en Dionisio terminan por desterrarlo de Siracusa.

LOS ESCRITOS DE PLATÓN

Al enfrentarnos con el estudio de la mayoría de los pensadores antiguos (especialmente presocráticos, sofistas, epicúreos y estoicos) nos encontramos con el problema que plantea la ausencia total de fuentes, limitándonos a un puñado de fragmentos y testimonios procedentes de autores posteriores. En el caso de Platón y de Aristóteles ya no se trata de escasez de textos, sino de superabundancia. Por ello la obra de Platón plantea dos tipos de problemas: 1) La autenticidad y atribución de sus obras, pues es necesario separar, de las obras que la tradición le atribuye, las obras dudosas y apócrifas. 2) El orden cronológico de las obras.

Sus *Diálogos*, nombre que se refiere al género literario utilizado en sus escritos, suelen dividirse cronológicamente en tres grandes grupos, aunque hay divergencias en su clasificación:

DIÁLOGOS SOCRÁTICOS

En ellos Platón hace una defensa del socratismo frente a las acusaciones de impiedad y corrupción de la juventud que se vertieron sobre su maestro. «Apología de Sócrates», «Critón», «Hipias Menor», «Cármides», «Laques»,

«Lisis», «Eutifrón», «Gorgias», «Menón», «Cratilo», «Eutidemo» y «Menexeno».

DIÁLOGOS DE MADUREZ

En ellos aparecen elaboraciones propiamente platónicas: la teoría de las ideas, la inmortalidad del alma, la dialéctica, Eros, la reminiscencia, la ciudad ideal, etc.: «El Banquete», «Fedón», «La república» y «Fedro».

DIÁLOGOS DE VEJEZ

Es el grupo de escritos donde el propio Platón examina y critica sus propias teorías: «Timeo», «Teeteto», «Parménides», «El sofista», «El político» y «Filebo», «Las leyes», «Critias».

Tenemos también trece cartas, algunas de dudosa autenticidad, que tienen carácter autobiográfico.

Platón enseñó que la psique o alma pudiera estar dividida en tres niveles o calidades:

1. El Deseo (*epithymia*), que corresponde al estómago y a las masas de las personas.
2. Spiritedness, o el enojo virtuoso (*timo*), que corresponde al pecho y al soldado o clase del guerrero.
3. Mente y Razón (*Nous* o *Logotipos*), que sólo puede contemplar las formas espirituales o arquetipos, y que corresponde a la cabeza y al filósofo.

Aquí nosotros tenemos una teoría de la naturaleza humana muy similar a la de los Vedas, especialmente donde se dice que los cuatro tipos humanos básicos saltaron de las cuatro partes del cuerpo del Hombre Divino primordial (Purusha).

Pero Platón fue mucho más extenso presentando el modelo oculto del conocimiento. Sin embargo, su propia psicología fue suplantada pronto por sus sucesores más científicos y materialistas, aunque la posibilidad de una psicología esotérica fue continuada por los neoplatonistas.

NEOPLATONISMO

El neoplatonismo, como Plotino (205-262) y sus sucesores, postuló un rango entero de niveles de conciencia que empieza con el Uno o Absoluto y baja hasta la materia informe *(hyle)*. Aquí nosotros vemos una psicología —una graduación de niveles de conciencia— muy al gusto del tantra indio, y sobre todo de Kashmir Shaivism. Allí incluso parece haberse desarrollado entre el neoplatonismo más antiguo y alguna intimación con los chacras. R. T. Wallis nos habla por ello de la unidad entre el alma humana (o conciencia) y el Uno.

Los neoplatonistas más tarde tienen varios términos favoritos y los mencionan como la «cúspide» o «flor» (*anthos*) de la inteligencia, aunque en otra parte nos hablan del principio o «la flor del alma entera». Es este principio el centro del alma en nuestro ser, con el cual logramos unificarnos con la mente y a través del cual divisamos lo eterno.

Puede o no puede ser una coincidencia que en el sistema indio los chacras sean también referidos como padma o «flores de loto», aunque el chacra más alto, el Sahasrara, en el cual el yogui comprende la conciencia divina, no es técnicamente un chacra (sólo está así descrito en las escrituras modernas), aunque es un loto.

EL CABALÍSTICO SEFIROT

El sistema cabalístico Sefirot invita a comparar los chacras con el tántrico. El Kabbalah judío original no se preocupaba tanto por entender el microcosmo como por los atributos teológicos del cuerpo de Dios. En el sistema del Golden Dawn (Alba Dorado) de Qabalah, sin embargo, «el árbol de la vida» —los diez sefirot y los veintidós caminos— es un estilizado «mapa» de conciencia en la magia ritual. Los Sefirot constituyen poderes psíquicos o arquetipos que, aunque cósmicos en su naturaleza también se localizan dentro del cuerpo humano.

En vista de las muchas incógnitas que hay entre el Tantra y el Qabalah, por ejemplo, la gran importancia que dan a la forma del dios, a la visualización y otras prácticas mágicas, así como su creencia en que el cuerpo humano es un microcosmo del universo, ha sido necesario clasificar detalladamente las sorprendentes coincidencias que hay entre ellos. Las correspondencias entre las situaciones corporales del Sefirot y la de los chacras son muy sugestivas. Malkhut parecería relacionar, por ejemplo, al chacra bajo Muladhara; Yesod, al chacra genital

Swadhisthana; Tifaret, al chacra del corazón; Keter, al Sahasrara o Corona-chacra. Hay algunas otras referencias hechas por ocultistas occidentales como Mathers, Crowley y Dion Fortune.

OTRAS COINCIDENCIAS

Ya hemos dicho que se ha observado a menudo que el sistema entero de los chacras se corresponde con el Sefirot Kabbalah. Por ejemplo, la tradición de la magia oculta occidental, empezando con el Orden Hermético Golden Dawn (Alba Dorada), yendo a través de Aleister Crowley, de Dion, Fortune y sus sucesores, conecta el Sefirot a menudo con los chacras. Eso mismo lo podemos encontrar cuando repasamos las obras de los escritores de New Age sobre el Kabbalah y Tantra. Aunque ambos numeran los esquemas de diferente modo y presentación, se han encontrado coincidencias al igualar los siete chacras con los siete niveles del Árbol.

Por ejemplo:

- Sahasrara (sobre la cabeza) Keter
- Ajna (frente) Viña (Hokmah)
- Vishuddha (garganta) Gevurah (Hesed)
- Anahata (corazón) Tifaret
- Manipura (ombligo) Netzah
- Swadhisthana (genitales) Yesod
- Muladhara (base dorsal) Malkhut

Es sin embargo muy fácil proponer cualquier número de esquemas alternativos, por ejemplo igualando el Ajnachacra con Daat («conocimiento» entre Binah y Hesed) y teniendo chacras de transición, como el hindú, y los chacras Manas representados por Hokmah y Binah. Todos ellos indican que nosotros no estamos tratando con realidades fijas sino con arquetipos fluidos, un hecho que siempre debe tenerse en cuenta.

Es informativo comparar las diferentes tradiciones de la «energía central», eso que existe en un segundo plano fisiológico y que parece ser lo mismo en los hombres de China y África, pues todas las ideas de la similitud del universo y el hombre se repiten en la estructura energética de los seres humanos.

Con respecto al sefirot y los chacras, los cuatro básicos son obvios y no requieren discusión.

• Sahasrara (sobre la cabeza)	Keter
• Anahata (corazón)	Tifaret
• Swadhisthana (genitales)	Yesod
• Muladhara (base dorsal)	Malkhut

A éstos es posible agregar:

• Ajna (frente)	Hokmah
• Vishuddha (garganta)	Binah

o (una vista alternativa)

• Ajna (frente)	Viña (Hokmah)
• Vishuddha (garganta)	Daat

Binah es la separación entre «el más alto» y «el más bajo», y está dividido en dos partes (barrera), por lo que parece ser la garganta.

ENTONCES, ¿POR QUÉ?

Bien, aquí nosotros usamos el punto de vista chino que también emplea centros de energía que pueden interpretarse como chacras.

También tienen los ocho «cauces-extras» correspondientes a ocho trigramas que sirven para realizar la media línea de la parte de atrás, la línea del medio delantera y algunas conexiones de energía (por ejemplo, del pie a la cabeza). Aunque ahora no es momento para explicar la teoría de los ocho cauces-extras que se mencionan en los libros de acupuntura, hay que significar que también son reales y pueden medirse y usarse en el tratamiento médico. El «Mando» de los ocho cauces tiene ocho puntos correspondientes en el pie y la mano y los ocho cauces se conectan todos en el ombligo. Por ello, el ombligo es un centro de «energía extraordinaria», al que confluyen una gran cantidad de puntos, y tiene representación en las cuatro extremidades. La Larga Órbita (Órbita Grande), también conocida como Qigong (equivalente chino al pranayama indio), involucra ocho canales, y su entrenamiento también significa la circulación de energía del ombligo a cuatro extremidades.

QIGONG

Si hay algo considerado como panacea a un amplio nivel en China hoy día, eso es el «Qigong», los ejercicios de respiración tradicionales chinos. En sus 3.000 años de civilización, los chinos han desarrollado varias medicinas o terapias tradicionales «curalotodo», tales como el uso del ginseng, acupuntura y Tai-chi, pero el Qigong es el furor entre las masas en lo relativo a sistemas de entrenamiento y plenitud física y mental.

Durante las brumas de la mañana, los pobladores de las principales ciudades chinas se diseminan a lo largo de las calles, adoptando diferentes posturas. Durante las pausas en su trabajo, miles de personas salen de las tiendas y oficinas para recuperarse durante quince minutos mediante el Qigong, y al anochecer puede verse a multitud de personas practicando sus ejercicios de Qigong antes de irse a dormir.

Este interés en el Qigong obviamente se ve apoyado por los frecuentes informes sobre el éxito en la curación de varias dolencias, algunas consideradas incurables. Los chinos comenzaron a practicar el Qigong para obtener buena salud y una larga vida hace más de 3.000 años, aunque con el transcurrir de los siglos se le han asignado diversos nombres, tales como Xingi, Tuna o Yangsheng. Hace mucho tiempo se pudo ver que estos ejercicios podían hacer surgir la energía interna del cuerpo, fortalecerla o hacerla fluir más suavemente mediante el control del pensamiento y la regulación de la respiración, en coordinación con los apropiados movimientos del cuerpo, ayudando así a prevenir o curar enfermedades y manteniendo el cuerpo en forma.

La más antigua descripción del Qigong en China data de hace 2.000 años y se encuentra en los *Clásicos Internos del Emperador Amarillo*, la primera y más importante obra de medicina del país. En ella se instruye a la gente para que permanezcan saludables «haciendo profundas respiraciones para permitir el suave flujo de la sustancia fundamental y la energía vital del cuerpo», permaneciendo en un estado de trascendencia y relajando los músculos en plena armonía.

Otro libro, *Guanzi*, que se cree fue escrito en el año 300 a.C., hacía notar: «El logro de la meditación ayudará a mejorar el funcionamiento de los ojos y oídos y el ajuste general de los miembros, y esto a su vez acumulará abundante energía y vigor en el cuerpo.»

El *Zhuangzi*, una antigua obra taoísta escrita alrededor del año 200 a.C., declaraba: «Con el fin de obtener longevidad, respira profunda y plenamente, deja salir el aire impuro y toma el aire fresco, mientras caminas con el porte de un oso y te estiras como un pájaro. Estos ejercicios, practicados por aquellos que quieren mantenerse en buenas condiciones y vivir una larga vida, les darán el resultado deseado.»

Como indican los registros históricos, el Qigong era tan popular en la China antigua que fue adoptado por casi toda la gente, hasta por rivales ideológicos y religiosos como taoístas, budistas y confucionistas. Esta popularidad, a su vez, fue la causa de que el Qigong se desarrollara por diferentes caminos. Los taoístas, por ejemplo, desarrollaron el «método de respiración taoísta», un sistema centrado en el «refinamiento de la mente y el cuerpo» mediante la meditación. Los budistas, a su vez, desarrollaron un método que hacía hincapié en la «trascendencia espiritual», mientras que el enfoque de los confucionistas se centraba en la mejora de la personalidad y el temperamento.

LA ENERGÍA VITAL

De todos los sistemas, no obstante, era el más cultivado y refinado por los antiguos médicos chinos y el más popular por entonces. Según la medicina china tradicional, lo que mantiene el cuerpo humano y lo hace funcionar es el Chi, o «energía vital», que circula a lo largo de los jinglos, canales principales colaterales, considerados como un entramado de pasajes. La condición del Chi determinaba, pues, la condición física del cuerpo. Si el Chi era débil, entonces el cuerpo estaría enfermo, y viceversa.

La circulación del Chi también sería importante, según la teoría Jinglo. Si el Chi quedaba bloqueado en algún lugar, por ejemplo, se producirían ciertas enfermedades. Para mantenerse en forma y curar las enfermedades, por tanto, hay que fortalecer el Chi y mantenerlo en movimiento, mejorar su sistema circulatorio y librarse de los bloqueos mediante ejercicios físicos y mentales.

Esta teoría fue muy bien enunciada en *Primavera y Otoño de la familia Lu*, libro escrito el año 249 a.C., en donde se decía: «El agua corriente nunca se corrompe y los goznes de la puerta no son comidos por los gusanos porque se mantienen en movimiento.» Lo mismo se aplica al cuerpo humano. Si no hay movimiento en el cuerpo humano la energía vital que mantiene su funcionamiento no circulará, y sin la circulación de esta energía la vida se detendrá y consumirá.

Cuando surgía una enfermedad los antiguos doctores chinos sospechaban que algo había ido mal con la energía vital o su sistema de circulación. Se prescribían drogas herbales para fortalecer la energía, y, para eliminar los bloqueos, se aplicaba la acupuntura, moxibustión (tratamiento con calor) o masajes en los puntos de acupuntura problemáticos a lo largo de los canales principales y colaterales, haciendo fluir la energía con mayor libertad y suavidad.

Pronto se comprobó que era un medio efectivo para fortalecer la energía y mejorar el sistema circulatorio y muchos antiguos médicos chinos hicieron grandes esfuerzos para perfeccionar y refinar los primitivos ejercicios de Qigong. Un médico famoso estudió detenidamente los movimientos de cinco pájaros diferentes y creó el Wuqinxi, o ejercicios de los cinco pájaros, para ayudar a la gente a mantenerse en forma y curar enfermedades.

Si bien el Qigong fue desarrollado por los médicos principalmente con fines terapéuticos y orientado al mantenimiento de la salud, gradualmente se convirtió en una práctica popular para los chinos, al igual que hoy día atrae a los occidentales.

DIFERENTES SISTEMAS

Actualmente hay muchos estilos y ejercicios de «Qigong, estilo suave» y en general se dividen en dos grandes categorías: «Qigong activo y Qigong estático». El Qigong activo se caracteriza por sus movimientos activos, diseñados para llevar el Chi hacia ciertas partes del cuerpo con la ayuda de maniobras pensadas; mientras que el Qigong estático se basa en «posturas estáticas» que hacen hicapié en la meditación y los «movimientos internos». El Qigong orientado al combate, junto con otras prácticas similares, se desarrollaron gradualmente en una escuela mayor llamada «Qigong estilo duro», en contraste con el Qigong orientado al mantenimiento, «Qigong estilo suave». No obstante, recientes investigaciones científicas sobre el Qigong e informes sobre los efectos terapéuticos, hicieron surgir nuevamente un interés masivo en el «estilo suave».

Desde 1977, científicos chinos se han unido a expertos en Qigong y han llevado a cabo más de mil pruebas sobre las reacciones físicas y fisiológicas de los ejercicios internos. Las pruebas incluían: detección de radiación infrarroja, detección electrostática, detección del efecto de la presión, observación por rayos X de las venas, interferencias polarizantes, análisis espectral de la energía, así como determinación y observación del biodetector.

Dicha investigación ha hecho patente la función del Qigong, y unas pruebas hechas en el noroeste de China demostraron que el 90 por 100 de 27 pacientes aquejados de hipertensión consiguió disminuir su presión sanguínea tras practicar el Qigong durante un corto período de tiempo. Otras investigaciones mostraron resultados esperanzadores en 77 casos de angina de pecho (relacionada con la enfermedad coronaria del corazón), después que los pacientes hubieran practicado el Qigong durante tres meses. El efecto terapéutico para la angina de pecho y otros síntomas alcanzó el 100 por 100 tras tres meses de práctica, mientras que la proporción de mejora mostrada por el electrocardiograma era del 67 por 100, según el informe del instituto.

Los investigadores han llegado a dar algunas explicaciones sobre los efectos curativos del Qigong. Han comprobado que el consumo de oxígeno del practicante de Qigong en postura yacente o sedente disminuye el 30 por 100 después de realizar los ejercicios y que el metabolismo energético también disminuye un 20 por 100, igual que la frecuencia de la respiración. Estos cambios, según declararon los investigadores, indican que el practicante se encuentra en un estado de bajo consumo de energía, lo que permite usar la energía ahorrada para reparar el cuerpo físico y superar la enfermedad. También han descubierto que los ejercicios de Qigong pueden dar masaje a los órganos internos abdominales, pues durante su práctica, según sus observaciones, el diafragma se mueve hasta una extensión tres o cuatro veces superior a la normal, y la presión intraabdominal cambia periódicamente. Como resultado, el peristaltismo en la región gastrointestinal aumenta, mejorando las funciones digestivas y de absorción, lo que contribuye a la recuperación.

LA COMPROBACIÓN DE SU EFICACIA

Un nombrado investigador del Qigong en Beijing piensa que el Qigong constituye un proceso de «autorreajuste» y «autorrejuvenecimiento», pues «ayuda a establecer un equilibrio entre elementos positivos y negativos en el cuerpo humano, de forma que asegure su normal funcionamiento».

Gran parte de la investigación hoy día se centra en el Waiqi, la «energía vital» liberada por los maestros experimentados en el Qigong para curar enfermos. Es la parte más misteriosa del Qigong. Varias pruebas han mostrado que el Waiqi es una fuerza material y existe objetivamente, y ciertas observaciones mediante sistemas termográficos han probado que dicha radiación no sólo puede pasar directamente desde el maestro al paciente, sino que también puede liberarse a través de varias personas.

Un experimento sorprendente fue llevado a cabo por una doctora, experta en inmunología en el Hospital General de la Armada China. Trabajando en cooperación con un maestro de sesenta y siete años experto en Qigong, han conseguido probar que el Chi puede ser tanto destructivo como beneficioso para el crecimiento de bacterias. Su informe, titulado «Sobre la inmunidad del Waiqi», fue publicado en el primer número de *Qigong Chino*, una de las muchas publicaciones sobre Qigong del país.

Algunos expertos también han recurrido al empleo de plantas, animales y hasta biomacromoléculas, como ayuda para asegurar una comprensión del Waiqi. Ciertos investigadores en China seleccionaron diferentes tipos de hojas de árboles como objetos de experimentación, conectando a las hojas electrodos negativos y positivos según direcciones prescritas, para hacer lo que llamaron un «detector de plantas». Cuando un maestro de Qigong liberaba su Waiqi, halló que los terminales de ambos electrodos recibían fuertes señales eléctricas relacionadas con el pulso. Sin embargo, no se registraba tal respuesta cuando una persona ordinaria permanecía frente al detector.

Aunque los efectos curativos del Qigong para algunas enfermedades parecen discutibles, todos coinciden en que el Qigong es un ejercicio excelente que puede ayudar a todos, viejos y jóvenes, enfermos y sanos, a vivir una vida más larga y productiva. Obviamente, para la práctica de cualquier deporte constituye el mejor método para aprender a respirar y proporcionar así a todo el organismo el oxígeno que necesita.

TIPOS DE CHACRAS

La posición simplista afirma que hay sólo un tipo de chacra, o a lo mejor dos (mayor y menor), pero esto es de hecho bastante incorrecto y viene de la naturaleza oscura del aura y el cuerpo sutil (anatomía del yogui), y que las calidades diferentes de los órganos están frecuentemente poco estudiadas y en esos análisis falta un armazón sistemático global.

Posiblemente existan cinco series de chacras diferentes por lo menos, y probablemente más, siendo los más admitidos:

- Los siete chacras primarios que son arquetipos y pertenecen al Being interno. Representan el microcosmo original, el eje vertical «Mount Meru», y contienen eslabones con los dioses y el plano principal de la existencia.
- El Tan Tien («Cauldren» para el proceso del Chi), en donde por lo menos hay tres que parecen constituir los colegas etéricos de los chacras primarios, que se localizan con el cuerpo.
- Los (por lo menos 18, si no son muchos más) chacras secundarios. Son etéricos y pertenecen al Being exterior. Constituyen con suerte —o más bien pueden despertarse— una órbita microcósmica rítmica, aunque este hecho se produce muy raramente debido al flujo de energía congestionado.
- Los diez (?) «chacras» importantes se asocian obviamente con los órganos internos y la medicina china habla de cinco pares (uno mayor y uno menor) de órganos internos, cada par asociado con correspondencias específicas, como una emoción, un sabor, el color, punto cardinal, etc. Esto indica que los chacras del cuerpo parecen constituir una serie diferente.
- Un número mayor de terciarios o chacras menores, frecuentemente asociados con puntos de acupuntura, puntos sensibles en el cuerpo, etc.

- Incluso un número mucho mayor de chacras cuaternarios, que igualmente se mencionan en la acupuntura menor, asociados a lo largo de los meridianos.

Debe hacerse una distinción entre el chacra primario y el secundario, pues a menudo se confunden.

Los chacras primarios son los chacras internos, por ejemplo el chacra descrito como Tantra original (Shaktism, Nathism, etc.), al que sólo puede accederse a través de la práctica del yoga profundo. Estos chacras son arquetipos y no tienen una forma definida, pues el modo en que se representan en la literatura tántrica es estilizado y simbólico. Exigen, por tanto, una localización precisa y están asociados con correspondencias específicas, incluso vibraciones mántricas, elementos, dioses, etc.

Los chacras primarios se representan en un eje vertical, arriba-abajo (como el microcosmo «Mount Meru» o montaña mundial), y se polarizan según Shiva (la conciencia pura, la divinidad) y Shakti (el poder de la manifestación). Shakti es representado por la energía de Kundalini en la base de la espina o, hablando más estrictamente, en el chacra de Muladhara o, lo que es igual, el Chacra Primario, el cual no tiene una situación física estricta. Shiva se localiza en el chacra de la corona (Sahasrara) sobre la cabeza, y esta polarización vertical representa los mayores planes de la existencia.

Como arquetipos del microcosmo los chacras primarios pueden igualarse significativamente con los diez sefirot del Kabbalah que se colocan en siete filas. Se han hecho varios esquemas y sugerencias para igualarlos, pero ninguno es completamente satisfactorio.

Los siete chacras primarios son:

- Sahasrara
- Ajna
- Vishuddha
- Anahata
- Manipura
- Swadhistana
- Muladhara

Los chacras secundarios son los chacras descritos por los teósofos, o las nuevas investigaciones de Christopher Hills, Bárbara Brennan y muchos otros. Al contrario del arquetipo, los chacras primarios tienen una forma específica, normalmente descrita como vórtices de energía, con un color y situación precisa específica en los cuerpos áuricos, aunque esto variará según el individuo. Estos chacras son etéricos y pertenecen al ser exterior, que no sólo incluye la conciencia cotidiana ordinaria, sino incluso los aspectos psíquicos ocultos y muchos estados místicos.

He aquí la lista de chacras secundarios (frente y parte trasera) y los psico-auras divididos en zonas:

<table>
<tr><th>ZONA PSICO-ÁURICA</th><th>CHACRAS TRASEROS (CANAL GOBERNADOR ASCENDENTE)</th><th>CHACRAS FRONTALES (CANALES DESCENDENTES)</th></tr>
<tr><td>Imaginación</td><td colspan="2">Corona</td></tr>
<tr><td rowspan="4">Intuición</td><td rowspan="4">Parte trasera de la cabeza</td><td>Frente superior</td></tr>
<tr><td>¿Hindú? Cabeza</td></tr>
<tr><td>¿Manas? Frente</td></tr>
<tr><td>Frente</td></tr>
</table>

<table>
<tr><th>ZONA PSICO-ÁURICA</th><th>CHACRAS TRASEROS (CANAL GOBERNADOR ASCENDENTE)</th><th>CHACRAS FRONTALES (CANALES DESCENDENTES)</th></tr>
<tr><td>Intuición</td><td>Boca de Dios</td><td>Talu/Lalana</td></tr>
<tr><td rowspan="2">Sentimiento intuitivo</td><td rowspan="2">Base del cuello</td><td>Garganta</td></tr>
<tr><td>Timo</td></tr>
<tr><td>Sentimiento</td><td>Paletillas</td><td>Corazón</td></tr>
<tr><td>Intelectual</td><td>Diafragma</td><td>Plexo solar</td></tr>
<tr><td>Intelectual</td><td>Puerta de la vida</td><td>Ombligo/Mar de Ch'i</td></tr>
<tr><td>Social</td><td>Sacro</td><td rowspan="2">Público</td></tr>
<tr><td rowspan="2">Sensación</td><td>Coccygeal</td></tr>
<tr><td colspan="2">Perineo</td></tr>
</table>

Los chacras secundarios pueden despertarse en una órbita microcósmica rítmica a través de la meditación y pueden disciplinarse con la práctica, siendo ésta la fase inicial del taoísta Nei Tan o la Alquimia Interior. Esta órbita microcósmica —llamada «Circulación de la Luz»— realmente es el equivalente del ciclo microscópico de la metamorfosis evolutiva, tal como lo describe la teosofía y otras enseñanzas.

En la literatura de las ciencias ocultas, espirituales y New Age, los chacras secundarios se confunden casi siempre con los chacras primarios o mayores. Esta confusión se debe al estado imperfecto del conocimiento esotérico en el momento equivalente a la ciencia en los siglos XVI y XVII. De hecho, los dos tipos de chacra son bastante distintos y fácilmente distinguibles.

El cuadro siguiente explica algunos contrastes:

CHACRA PRIMARIO	CHACRA SECUNDARIO
Ser interno (Arquetipo)	Ser exterior (Etérico)
Ninguna situación espacial excepto por analogía	Situación espacial a lo largo de la frente y línea del centro trasero del cuerpo
Vertical orientación (subiendo)	Cíclico (ascenso largo de atrás, descendiente largo del frente)
Estilizado (Tántrico), Iconografía, las flores del loto	La clarividencia lo describió como vórtices
Corresponde con las cartas mántricas, los niveles de conciencia, divinidad, etc.	Corresponde al cuerpo/aura sutil (Bárbara Brennan) y los tipos psicológicos (Christopher Hills)
Colores del no arco iris (colores normalmente rojo, blanco, azul, humo, etc.)	Normalmente los colores del arco iris (aunque esto se modifica en cuerpos más altos)
Corazón en el sitio del Chacra del Alma, del Ego (Jivatma)	El Chacra del Corazón no puede encauzarse pero sí el del alma
El Kundalini se localiza en el chacra más bajo (Muladhara)	Ningún Kundalini, aunque existe como energía si está pobremente activado, y puede fluir a través de él y advertir sobre la posible psicosis y otros peligros.
Chacra inactivo hasta despertarlo a través del yoga	Chacra activo durante la vida cotidiana que puede ser abierto, bloqueado o cerrado
Chacra inactivo al frente del cuerpo; la energía nunca desciende	Chacra, a veces representado según la teosofía al frente del cuerpo, y a veces la energía desciende abajo desde la frente, pues dicen que levanta la energía solamente mediante la visualización

Los chacras terciarios o menores no son parte del circuito principal del Chi (la órbita microcósmica) y más bien parecen corresponder a puntos que regulan la energía que fluye. Suelen estar diversa y sistemáticamente descritos en algún material de New Age y en el movimiento de salud holística o radiónica. Aunque el diagrama del libro de Bárbara Brennan, que a su vez parece estar basado en el material de David Tansley, asume «veinte chacras menores», éste es un número completamente arbitrario y posiblemente un esfuerzo por lograr un múltiplo de siete, ciertamente incorrecto. Otros libros dan números diferentes de chacras menores.

Se usan algunos chacras menores, como los chacras en las palmas de la mano, en trabajos curativos. En mi experiencia de la práctica con Reiki, parece que éstos constituyen una sensación definida y pudiera ser que existan otros chacras menores poco estudiados en los genitales, así como los ojos, pezones y otras partes sensibles del cuerpo.

REIKI

Cada uno de nosotros tiene la capacidad innata, mediante el uso de una técnica respiratoria antigua, para generar una resonancia curativa poderosa, o vibración de energía, con las manos. Cuando se aplica este catalizador de resonancia terapéuticamente el proceso curativo es intenso y frecuentemente espectacular, no sujeto a ninguna ley científica conocida.

Las manos que curan es una historia antigua que se lleva usando durante miles de años por personas de la medicina tribal en cada continente, y ha sido una parte de cada tradición religiosa. Este hecho es lo que ha ocasionado que en la sociedad occidental se la considere como un mito o como un talento misterioso sólo dado a unos pocos.

Lo primero que se aprende con este sistema es que el cuerpo del enfermo es quien realiza la curación. Este mismo principio se emplea en la acupuntura, homeopatía, herboterapia o cualquier otra modalidad natural, pues sabemos que la habilidad para curarse a sí mismo es una parte inherente de todo organismo. El cuerpo constantemente se está renovando, eliminando tejidos viejos y enfermos, y aunque no somos conscientes de que esto ocurre en nuestro interior, finalmente es el cuerpo el que se libra de la enfermedad.

Pero en aquellas ocasiones en las que este proceso autocurativo no funciona, entonces es cuando necesitamos una ayuda externa. Tradicionalmente, a lo largo de los anteriores cinco mil años, nuestra especie ha empleado los alimentos y las hierbas para sanar, aunque ya estaban presentes las manos del sanador.

EL CHI

Chi tiene relación con los procesos fisiológicos, patológicos y con el tratamiento clínico. La palabra Chi tiene el sentido de materia y de función. Por ejemplo, el Chi puro, el Chi turbio y el Chi de las sustancias nutritivas son materiales, mientras que el Chi del corazón, pulmón, bazo, riñón, estómago o de los canales, son funcionales. La materia y la función son dos conceptos diferentes, pero complementarios e indivisibles, porque la función debe basarse en la composición material y ésta se refleja en la actividad funcional.

La calificación del Chi del cuerpo humano varía de acuerdo con su origen, distribución y función.

- Al Chi original se lo llama Chi del riñón o Chi congénito, debido a que es heredado de los padres y está relacionado con la función reproductiva.
- Al Chi puro y al Chi de los alimentos se lo denomina Chi adquirido, debido a que se obtienen de la atmósfera y de los alimentos, respectivamente, después del nacimiento.

- El Chi esencial está formado por la unión del Chi puro y el Chi de los alimentos que se reúnen en el tórax. Su función es nutrir al corazón y los pulmones y promover sus funciones.
- El Chi nutritivo y el Chi defensivo provienen de las sustancias nutritivas. El Chi nutritivo circula en los vasos sanguíneos y se distribuye en los órganos con el fin de nutrirlos. El Chi defensivo circula fuera de los vasos sanguíneos y se distribuye en la piel.
- Bajo la acción del Chi heredado y del Chi adquirido, los órganos desarrollan sus funciones y generan a su vez el Chi de los órganos y de los canales.

La idea es que todos los niños nacen con los canales del Chi abiertos. Como el Chi fluye libremente sólo a través de un cuerpo relajado, haciendo que la relajación aumente más aún a medida que pasa, los niños reflejan el curso de la energía corriendo por su cuerpo mediante la suavidad y flexibilidad de sus miembros y torso. A medida que los niños crecen y se ven expuestos a influencias más externas, sus canales del Chi se cierran, hasta llegar a adultos, momento en que el nivel del Chi está a la altura del pecho.

El Chi está directamente relacionado con el oxígeno y con la capacidad de la sangre para transportarlo, que a su vez invierte el proceso de envejecimiento, aumenta el potencial energético total del organismo y permite al cuerpo humano curarse a sí mismo y a otros. La apertura del flujo del Chi no sólo es capaz de producir un atleta óptimo, sino que hace posible la buena salud y aspecto juvenil, sea cual sea la edad.

LOS CHACRAS Y LOS CUERPOS SUTILES

Según ya hemos dicho, hay varios escritores, como Alice Bailey y Bárbara Brennan, que aseguran haber localizado los chacras en cada uno de los cuerpos sutiles, por lo que cada cuerpo tendría un total de siete (en ocasiones más) chacras. Además de eso, los chacras tendrían sus equivalencias correspondientes en cada plano, como indica en el diagrama siguiente.

<table>
<tr><th>ELEMENTO</th><th>TIERRA</th><th>FUEGO</th><th>AGUA</th><th>AIRE</th></tr>
<tr><td>Chacra primario</td><td>Muladhara</td><td>Manipura</td><td>Anahata</td><td>Ajna</td></tr>
<tr><td rowspan="4">ESPIRITUAL
Muy Sutil
(estructurado)</td><td></td><td></td><td></td><td>Cuerpo espiritual y mental. Conocimiento del espíritu</td></tr>
<tr><td></td><td></td><td>Emocional/ Corazón/ Espiritual amor transpersonal</td><td></td></tr>
<tr><td></td><td>Espiritual etérico, la voluntad más alta</td><td></td><td></td></tr>
<tr><td>Cuerpo etérico. Existencia espiritual</td><td></td><td></td><td></td></tr>
<tr><td rowspan="2">SUTIL
(No estructurado)</td><td></td><td></td><td></td><td>Imaginación emocional, intuición más baja</td></tr>
<tr><td></td><td></td><td>Emociones interpersonales</td><td></td></tr>
</table>

ELEMENTO	TIERRA	FUEGO	AGUA	AIRE
Chacra primario	Muladhara	Manipura	Anahata	Ajna
SUTIL (No estructurado)			Voluntad emocional	
	Interpersonal más bajo			
FÍSICO (estructurado)				Cuerpo mental, intelecto físico
			Emociones de sí mismo	
		Vitalidad de cuerpo, sensación etérica		
	Cuerpo físico			

LO TRANSPERSONAL DE LOS CHACRAS

Los chacras sobre la corona son considerados transpersonales, y a menudo iguales y con vibraciones más altas de luz y sonido. En algunos casos el chacra de Sahasrara se iguala con la corona de la cabeza y es por consiguiente de transición, o el más alto personal o el transpersonal más bajo. En otros casos se localiza sobre la cabeza, y entonces existe uno o más chacras intermedios entre la corona y el Sahasrara.

Ambos, Radha Soami (Sant Mat) y Ann Ree Colton, se refieren a seis chacras más bajos (Muladhara a Ajna), que son personales y están asociado con el cuerpo o el microcosmo (pinda en Sant Mat), así como seis chacras más altos, empezando con el chacra de Sahasrara, que corresponde al arroyo más alto de luz y sonido.

NUEVA INTERPRETACIÓN

Con el tiempo, ha habido recientemente una tesis y un nuevo desarrollo de lo transpersonal relativo al chacra que parece bastante profunda, como es la activación de veinte sistemas de chacras con cuerpos ligeros.

Algunos de los chacras más revisados son:

Estrella de Tierra
Base Única
Sacro
Plexo Solar
Corazón
Timo
Garganta
Tercer Ojo
Frontal
Corona
Estrella del Alma
Entrada Estelar

En esta serie el chacra más bajo sería «el yin transpersonal» y se uniría a la Tierra, mientras que el más alto, situado sobre la corona o cima de la cabeza, sería «el yang transpersonal» y se uniría al cosmos a través de la Entrada Universal, la Entrada Cósmica. Otra referencia al «yang transpersonal» es que nos movemos a través de cuerpos ligeros que no tienen ningún sonido, pero escuchamos el sonido celestial dentro de cada uno. Hay un cuerpo ligero de color violeta que transmuta los cuerpos emocionales y mentales que se mueven en la quinta dimensión y que podría ser similar o igual que el «Cuerpo Celestial», la octava más alta del cuerpo emocional.

El llamado «Documento de Ketheric», de Bárbara Brennan, es el nivel personal más alto, es de color oro y lleva las impresiones de vidas pasadas. Es el equivalente al cuerpo teosofical y alternativamente podría ser una octava más alta del cuerpo de Ketheric, aunque no hay realmente ninguna manera de encontrar una buena información sobre ello que nos lo explique mejor.

El «Sol Central» es una idea de la teosofía, una clase de sol, excelente y divino, situado en el centro de nuestra galaxia. Por supuesto no hay ninguna prueba de que exista semejante objeto, aunque muchos astrónomos creen que hay un agujero negro macizo realmente en el centro de la galaxia. El Sol Central puede tomarse para representar realmente la doctrina Atzilutic y simbólicamente nos puede hablar igualmente de la Divinidad, de la Conciencia, la Verdad, y hasta de un «Supercerebro», tal como Sri Aurobindo describe usando como referencia al Sol.

LA DIFICULTAD PARA LOGRAR UNA CIENCIA UNIFICADA DEL CHACRA

No hay todavía ninguna asociación «chacronologista» coherente que pueda integrar (convincentemente) los siguientes elementos:

1. Delicadas energías (Nadis, Kirlian o el cuerpo etérico bioplasmático de los teosofistas rusos).
2. La totalidad en la conexión fisiológica (hay algunas pruebas con glándulas o plexos).
3. La función psicológica (si la hay, con las emociones o el intelecto).
4. Dimensión espiritual (algunos dicen que el polo espiritual está inactivo, aunque fisiológicamente funcionando más o menos bien). También, pudiera ser que los centros no tengan ni siquiera ninguna función espiritual inactiva.
5. Relación entre el micro y macrocosmo. En teoría, abrir un chacra (polo no fisiológico) puede llevar a la percepción de un universo concomitante (psíquico, causal).
6. Muchos tántricos insisten que el modo en que morimos (o consumimos un chacra) supone el vijnana o principio de la conciencia. La estrella localizada en la cabeza es el mundo que experimentaremos.
7. No hay ninguna unanimidad con respecto al número de centros, ni en su apariencia, latencia o potencia.

LA RESPIRACIÓN DEL CHACRA

Durante el año 1966 el yogui Swami Satyananda promulgó un sistema de meditación tántrica hasta entonces desconocido en el mundo occidental. Uno de sus métodos más poderosos involucraba unir la respiración y la energía (Prana) a través de la concentración en la respiración del orificio nasal unilateral y alternada, tal como he descrito anteriormente. Esta práctica era un ejemplo concreto de los dictados del yoga clásico sobre «la unión de manas (mente) y prana (respiración)».

Las implicaciones psicofisiológicas excelentes de su metodología fueron objeto de una plétora de investigaciones por parte de diversos laboratorios occidentales en los años 80. Al finalizar, los investigadores informaron que habían encontrado un cambio en el hemisferio izquierdo como consecuencia de los ejercicios respiratorios del orificio nasal izquierdo, y viceversa. Este ciclo nasal puede demostrar ser algo muy poderoso para mejorar las actividades cerebrales. La especulación sobre ello es que si logramos dominar los hemisferios cerebrales, podremos llegar voluntariamente a un mundo anímico aún no explorado.

«Respirar solamente por un orificio nasal estimula la actividad en el hemisferio del cerebro correspondiente, mientras frena el opuesto. Este hallazgo sugiere una posibilidad no invasiva para el tratamiento de numerosos problemas de conducta y del humor.»

Artículo de Werntz publicado
en la Sección de Neurociencia,
UCLA, en 1988.

La consolidación del genio de Swami Paramhansa Satyananda y sus conclusiones sobre procedimientos especiales de respiración, fueron obra de dos psicólogos de Harvard, Richard Davidson y Gary Schwartz, quienes investigaron este sistema como una manera clásica para tratar el insomnio.

«Visualizar ovejas impide que el hemisferio derecho del cerebro pueda procesar imágenes y ocasionar ansiedad, lo que induce al sueño. Por el contrario, mientras estamos contando ovejas logramos que el hemisferio izquierdo se desvíe hacia problemas, sonidos y cualquier otro pensamiento. Parece ser que el tradicional sistema de contar ovejas para dormirse tiene una base científica fuerte, pues liga los dos hemisferios cerebrales para conseguir que puedan prevenir el insomnio.»

Harvard University, 1979.

EXPERIENCIAS

Samaya, 25 de septiembre de 1982

Experiencia durante una hora de práctica de yoga con el gurú Ananda:

«Toda la zona del pecho se encontraba muy energetizada y me quedé sorprendido de lo bien que podía dominar mis energías. Estábamos concentrados en el Anahata Chacra y hacia el final de la meditación tuve coraje y comencé a activar el chacra de la frente. En el tiempo de mauna (estado de tranquilidad) vi muy claro el siguiente cuadro en el entrecejo: De la mitad de la frente salía una especie de vara gruesa como un lápiz, y a medida que se alejaba de la frente el tamaño aumentaba. Su forma era similar a un hongo completamente simétrico, con una anchura de más o menos cinco centímetros, justo del tamaño de mi frente. En esta distancia podía distinguir sólo un delgado vapor que iba achicándose con la distancia, con un embudo casi incoloro que relucía con un delicado color naranja-amarillento mezclado con un azul claro.»

Es natural que la forma y el comportamiento de los chacras sean cambiantes, como también lo son unos detalles de su estructura. La forma y el modo de desenvolverse de los chacras son comunes a todas las personas, y sólo existen detalles en su estructura que son cambiantes. No cambian sólo en distintas épocas de la vida debido a los cambios del nivel de conciencia del individuo, sino que también cambian de un momento a otro debido a la actividad mental o meditativa de la persona, o en los casos en que se produzcan emociones fuertes.

Ravikirana, 7 de octubre de 1982

«Hice mis prácticas en mi butaca, con música de Deuter en mis oídos (con auriculares), y me concentré en mis vibraciones. Con esta música pude conseguir un buen estado energético. Sentí en todo mi cuerpo alas (menos en la cabeza). Después cambié el casete y escuché "Psalms Of David", con lo que conseguí entrar en un estado de bhakta. En este estado no sentí mis alas, y tampoco una especial dirección de mi cuerpo. Pronto vi una repentina rueda estática y un fondo de luz con finos rayos que se perdieron poco a poco por el borde.»

Comentario: La frecuencia de las alas era posiblemente tan alta que no se pudo registrar. En este relato no se describe la localización del chacra, así que se puede concluir que se trata de la región de la cabeza.

AURA Y CHACRA

Vas a un viaje divino. Aligera el equipaje

Básicamente, y según la podemos apreciar a simple vista, el aura es una nube luminosa que se extiende en todos los sentidos a una distancia corporal dc cuarenta y seis centímetros aproximadamente. Al tratarse de una forma oval, los primeros investigadores la denominaron como un huevo etéreo, aunque si la vemos con detenimiento observaremos que sus bordes se difuminan gradualmente por el entorno.

En el supuesto de disponer de mecanismos fotográficos adecuados para ver el aura con precisión, observaremos que está compuesta de diferentes elementos, cada uno de ellos con un aura distinta y que ocupa, a su vez, un lugar diferente. El conjunto, sin embargo, se mantiene unido tenuemente y parece penetrar o fundirse con el cuerpo físico.

Todo en el universo es justo una vibración. Cada átomo, cada parte de un átomo, cada electrón, cada partícula elemental, incluso nuestros pensamientos y conciencia, son simplemente vibraciones. Por ello podemos definir el aura como una vibración que rodea cada objeto material, más que como un halo energético.

El aura está siempre alrededor de cualquier elemento vivo, en los objetos (personas, plantas...), y cambia frecuentemente, a veces muy rápidamente. Cuando el aura se encuentra alrededor de los objetos inertes, sin vida orgánica (piedras, cristales...), es esencialmente fija.

Resulta imposible analizar la morfología del Sistema Chacra sin vincularlo con el Sistema Aural.

Morfológicamente, se distingue por tres configuraciones perceptibles en los campos coesenciales, que son:

1. El sistema de haces, hebras o líneas.
2. Éstos emergen desde sus centros, los cuales, a su vez, conforman los «torbellinos» propios de cada chacra.
3. Los Sistemas Ovoidales.

Los chacras son el principal mecanismo regulador de flujos sutiles coesenciales transcorpóreos.

Estos flujos transcurren a través de líneas, las cuales conjugan entre sí en aparentes espirales:

- Cerradas cuando emergen de un chacra y retornan a otro conformando ovoides en su recorrido.
- Abiertas cuando no retornan y alcanzan otros cuerpos sutiles como parte de los sistemas de haces.

Algunos se preguntarán cuál es la utilidad o ventaja que representa ver el aura, y podemos afirmar que:

- Percibir las energías sutiles es la premisa de su manipulación consciente.

- No somos sólo un cuerpo físico sino seres radiantes; por ello, comprobar con nuestros sentidos, como algo concreto y palpable, que una parte nuestra es pura luz, no tiene igual, es una experiencia única que merece la pena vivir.

EL VIAJE ASTRAL

Esté preparado, pues posiblemente lo que usted piensa y sabe puede ser un estorbo grande en el viaje astral. Note que todo su «conocimiento» viene del mundo material en la Tierra, y se tuerce severamente con frecuencia y/o está limitado. Puede ser una doctrina o simplemente un hábito, en lugar de conocimiento, pero cuando realiza un viaje astral, aprende directamente de la fuente. Por ejemplo, hay un sentimiento de sorpresa porque usted relaciona lo que experimenta en astral con lo que espera en base a lo que ha aprendido en su cuerpo físico. Cualquier pensamiento debe ser devuelto muy rápidamente.

Es mejor no esperar nada, y (telepáticamente) realizar las preguntas sobre lo que quiere saber y aquello que necesita aprender hoy. Será su ego más alto (su propia conciencia más alta) quien escogerá la lección mejor para usted. No se olvide de agradecer este privilegio que tiene ahora. Sin embargo, debe saber que proponer una demanda ambigua producirá probablemente una situación imprevisible. Por ejemplo, si se le ocurre pedir que quiere viajar al año 15000, o llegar a la Luna, o encontrarse dentro de un volcán, simplemente estará perdiendo el tiempo. Por otro lado, si pide ver a su madre ahora (aun cuando no sepa dónde está, o esté muerta) es una petición muy precisa que probablemente será un éxito.

APRENDA A PENSAR

La disciplina en el pensamiento es esencial (aunque algo dura) y es mejor ejercer una disciplina sobre la mente durante el día, todo el tiempo, para que se convierta en un acto natural de entendimiento.

No se sorprenda si no puede recordar detalles de su viaje astral después de que haya regresado. El asunto es similar a un sueño, pues es posible recordarlo parcialmente, en su totalidad o nada en absoluto. Cuando se despierte deberá ponerse de pie y dedicarse a realizar aquello que interrumpió justo en el comienzo. De nuevo, se necesita disciplina, porque cuando se efectúa medio dormido un viaje astral es obvio que no podrá recordar nunca nada. Además, no debe ponerse tan cómodo que lo confunda con un sueño vulgar, pues el auténtico viaje no es para personas perezosas y debe estar atento a todos los detalles. Si cuando está viajando escribe bastantes detalles, podrá reconstruir conscientemente después la información.

COMENTARIO

No se sienta defraudado si no puede hacer un viaje astral todos los días. Es típico tener una buena sesión una vez a la semana o una vez al mes, aun cuando lo intente todos los días. Probablemente usted no es un asceta aislado de la realidad materialista aplastante de nuestra «civilización», sino simplemente una persona con inquietudes.

Ver una película violenta, o simplemente perturbadora (por cualquier razón o argumento), puede tener un efecto perjudicial profundo en las condiciones iniciales requeridas para el viaje astral.

Todo en el universo tiene una razón de ser y estar, y lo más importante no sólo es lo que usted hace sino por qué lo hace. Eso mismo se aplica a los pensamientos y deberá meditar sobre ello, pues tiene que ser completamente honrado consigo mismo. Purifique su mente de la basura y no siga a la masa humana en sus costumbres.

MOVIMIENTO

Usted se está moviendo. La dirección es irrelevante... arriba, a los lados, abajo. No hay una «buena» o «mala» dirección. Vaya con la corriente. Suba, flote, dé vueltas, húndase, suba, protéjase... Vaya con la corriente... no se resista. Podrá sentir cómo el aire roza su cuerpo, echando para atrás el pelo, pues todo esto indica movimiento. Podrá escuchar el soplido del viento. Bien, éste es el camino.

AMPLIANDO LA ENVOLTURA

Momento para la expansión física. Podrá sentir como si su cuerpo creciese en todas las direcciones... como si los límites se estuvieran expandiendo. Podría sentirlo localizado alrededor de la cabeza, del pie o incluso cerca del estómago. Relájese y siga con ello. Después amplíe la sensación, tráigala de vuelta de nuevo y auméntela, esta vez más lejos. También podría ser una buena ocasión para imaginarse flotando como una nube.

DOBLE CONCIENCIA

Se podría sentir como si estuviera a la vez dentro del cuerpo y fuera de él. Algunas veces su conciencia rebotará adelante y atrás, siendo frecuentemente una fase de transición que pasará bastante rápido. Permanezca despierto en esos momentos. Dejar el cuerpo es en realidad cuestión de aprender a desplazar su atención de un lugar (el cuerpo físico) a otro lugar (el cuerpo astral). El cuerpo astral no duerme simplemente en el tiempo que usted está despierto, sigue muy activo, como lo demuestran los sueños. Ahora mismo puede estar fuera del cuerpo físico y ni siquiera lo percibe. ¿Puede cambiar su atención a él y ser consciente de ello?

EL TÚNEL

Algunas personas (especialmente en las experiencias cercanas a la muerte) se encuentran a sí mismas cayendo en un oscuro túnel con un foco de luz al final. Algunas lo relatan así, pero otras no. No importa lo que usted vea y sienta, pues no está fuera del cuerpo todavía... pero casi.

EL SONIDO

Si hay sonidos, mejor, y podría escuchar un clic, un sonido de cambio, un crack. No es que su cráneo esté rompiéndose, es sólo un sonido y nada le dolerá. Podría ser el sonido de una especie de electricidad estática astral mientras usted pasa por la barrera física. Felicidades, pues posiblemente ya está fuera.

DESMAYO

Posiblemente haya perdido la conciencia o al menos se ha desligado de su mundo físico. Recuerde que también ha perdido su forma normal de pensar y sentir y ha cambiado a una no verbal. Por eso durante unos minutos podrá encontrarse bloqueado y aturdido. Es normal, pues el cambio es brusco. Simplemente, sea diligente y trate de recobrar la conciencia a la menor oportunidad.

DESPERTARSE EN MEDIO DE UN SUEÑO

Puede que tenga que recobrar la conciencia despertándose como si fuera un sueño y para algunas personas un sueño lúcido puede ser un punto de entrada para las OOBE (experiencias fuera del cuerpo). Identifique cualquier anomalía en el sueño y tome el control tocando algo con las manos o trate de escuchar el sonido de su propio cuerpo moviéndose. Las personas que dominan la proyección astral son también hábiles soñadores, por lo que las primeras veces no sabrá si ha sido un sueño o realidad.

TERROR

Algunas personas, después de semanas, meses o incluso años de entrenamiento, finalmente alcanzan un OOBE sólo para encontrarse a sí mismas asustadas de ser descuartizadas, paralizadas por un absoluto terror, enfrentadas casi a la muerte, etc. Se siente pánico y el inmediato resultado es una rápida y, frecuentemente, desagradable vuelta al cuerpo. La experiencia no les ha gustado y no desean repetirla.

¿Por qué el miedo? Imagínese estar cerca del borde de un acantilado. Intelectualmente, se podría sentir perfectamente seguro, pues nadie le va a tirar al abismo ni tiene deseos de suicidio, pero sus «tripas» le hacen sentir miedo. Su cuerpo reacciona a la situación que él percibe como peligrosa, pues indudablemente lo es. No se preocupe pues durante su primer OOBE permanecerá muy cerca de su cuerpo físico, apenas separado de él, y podría seguir ejerciendo una fuerte influencia en usted. Créame, con la experiencia el miedo desaparece.

ESTÁ EN CASA

Siente que ha retornado a un lugar familiar, a algún sitio donde ha estado muchas veces antes. ¡Es cierto! Está en casa, seguro y de nuevo con el control de la situación. Abrace el sentimiento y recuérdelo, pues probablemente no quiera irse de nuevo.

SU ESTADO NORMAL

¿Es usted un ser físico que puede proyectarse en el astral, o un ser astral que desciende a la carne? Piense en ello durante un momento, aunque nadie podrá darle la respuesta. Ahora mismo se siente físico, pero a última hora podría tener un OOBE. Cuando eso ocurre, ¿está saliendo «fuera» o está soñando? ¿Es un viaje o un retorno? ¿Un viaje inventado por su imaginación o una realidad? Como puede observar, todo depende de su perspectiva y de nuevo será inútil que busque respuestas.

¿PODEMOS ENTENDER LA VERDAD SOBRE EL TANTRA?

Tantra se traduce en sánscrito como «red» o «secreto», y se refiere a un conjunto de textos y rituales religiosos esotéricos. Los tantras hindúes se escribieron en el período medieval, y están organizados en forma de diálogo entre el dios Siva y su consorte Parvati, explicando la filosofía y los mitos subyacentes en el ritual. El sistema implica cambios completos en las prácticas sociales hindúes, pues condenan los actos sexuales incestuosos, y en el proceso fisiológico normal del acto sexual al recomendar que la eyaculación del semen se haga fuera de la mujer para quedar en el cuerpo del hombre.

Otros cambios nos hablan de los «seis productos procedentes de la vaca» o panchagavya (leche, mantequilla, requesón, carne, orina y heces), que deben utilizarse para la purificación. No obstante, el tantra recomienda especialmente las «cinco emes»: maithuna (intercambio), matsya (pescado), mansa (carne), mudra (grano tostado) y mada (vino).

Los seguidores tántricos tienen siempre como maestro a un gurú, el guía que les dirá cómo liberar su energía psicosexual, denominada como la serpiente enroscada (Kundalani), situada en la base de la columna vertebral en varios puntos focales (chacras), hasta que alcanza el chacra más elevado, en la parte superior del cráneo, y experimenta en su interior la unión del dios y de la diosa. Para llevar a buen fin este proceso denominado sadhana hay que efectuar una visualización sistemática de la deidad que se materializa mediante la utilización de yantras y de los mantras.

Como contrapartida está el budismo tántrico, el tercer estado del budismo, que nos habla del vehículo del rayo o vehículo del diamante (Vajrayana), independizado del budismo Mahayana y que se perfeccionó en el Tíbet. Ambos sistemas influyeron en el otro, sobre todo en Assam y Bengala, aunque también hubo sectas tántricas en Nepal y China, y perduran en la actualidad en el norte de la India.

La cultura americana contemporánea asocia Tantra con sexualidad y de hecho allí existe el «Tantric Marga Sexual» o camino. El problema, examinando un acercamiento a un sistema de sexualidad ritual religiosa explícita e implícita, está resolviendo actitudes anglosajonas actuales que tienden a oscilar entre la condenación sincera puritana y el interés lascivo en el tantra sexual.

¿QUÉ ES UN TANTRA?

Tantra es una corriente poderosa de enseñanzas hindúes, fuera del hinduismo ortodoxo y de las seis escuelas clásicas de filosofía india, aunque no por ello se encuentra menos empotrada en la matriz del hinduismo. A finales del siglo XIX los estudiosos occidentales eran bastante conscientes del Tantra y ésta era la definición que le otorgaron:

«La parte esencial es el Warp-loom, el punto principal, el plan, el sistema, la armazón y la acción principal que mantiene a una familia. También es la propagación, la doctrina, el gobierno, teoría y las clases de trabajos que enseñan formularios mágicos y místicos, principalmente en forma de diálogos entre Shiva y Shakti.»

El tantra trata cinco asuntos:

1. Creación.
2. Destrucción de mundos.
3. Trabajo de dioses.
4. Consecución de todos los objetivos.
5. Los cuatro modos de unión con el supremo mediante la meditación.

No parece un mal sistema, aunque la pregunta que se plantea es por qué nadie intentó llevarlo a cabo fuera de la India anteriormente. En 1906 el «Tantrik Order America» publicó un dossier denominado *Periódico Internacional del Orden Tántrico*, de Vira Sadhana. Se trataba de doscientas páginas de texto, con una tapa en color rojo, oro y negro, y estaba lleno de traducciones de textos tántricos y artículos que elogiaban el amor.

¿CUÁL ES LA META DEL TANTRA?

Las prácticas tántricas buscan la iluminación a través de la unificación de polaridades de la quintaesencia inherente en el mundo y uno mismo. Estos opuestos están simbólicamente incluidos en Shiva y Shakti, como la conciencia y energía, y personificadas en el varón y la hembra.

Shiva representa la conciencia universal difundida a lo largo de las galaxias, mientras Shakti, madre divina, es el poder que gira en un baile celestial, entre la energía, y que da a luz toda la creación, tangible y trascendente.

Hay dos caminos disponibles en la filosofía tántrica. El primer camino se llama Dashinimarga o «camino derecho», que emplea medios individuales para practicar las meditaciones diseñadas para unir a Shiva y Shakti dentro de su propio cuerpo y sin la ayuda de un compañero. Para entender el aspecto bipolar de nuestra naturaleza hay que considerar la cita siguiente:

«En nuestra cultura se han divorciado mente y cuerpo (dualismo cartesiano), cerebro y cordón espinal, corteza cerebral y sistema límbico. Se ha matado la intuición, nuestro tutor interno para la lógica, y castrado nuestra emoción para pensar. Los psicólogos, en el colmo del delirio paternalista, nos han dicho cómo debemos ser felices.»

¿QUÉ HAY DE ESPECIAL SOBRE EL TANTRA?

Para entender lo que hay tan especial en el Tantra tenemos que considerar el hinduismo, la tierra en la que floreció el Tantra. Una cultura extranjera, como la hindú, puede parecer demasiado exótica; por consiguiente, la tendencia puede ser descartar la posibilidad de que podamos aprender algo pertinente a una sociedad capitalista occidental. Yo sugeriría que el hinduismo representa un fenómeno cultural más importante que el conjunto de las raíces más profundas del platonismo y la filosofía neoplatónica. Hace ya miles de años que los hindúes formularon conceptos que hablaban sobre la física cuántica contemporánea. La filosofía india es una corriente, un arroyo viviente, algo activo en un momento en que nuestra civilización ya no valora ni estudia las cosas así.

CONSIDERE LAS DOS DECLARACIONES SIGUIENTES

«NADA IMPORTA» contra «TODO IMPORTA».

Ambas declaraciones son verdad, dependiendo del contexto.

Nuestra actitud occidental, a un nivel superficial, está a favor de «nada importa», excepto lo relativo a la persecución de riqueza y poder. El consumismo se ha vuelto casi por sí mismo un objetivo y meta de vida. Nuestra manera de vivir, reforzada por el bombardeo implacable de los medios de comunicación, se nos muestra voraz, unos comedores no solamente de carne, sino incluso de enseres, dinero y de poder sobre otros humanos. Todos nosotros también somos «vendedores», de un género o servicios, cadena que nos permite mantener nuestro papel como «clientes».

Admito que esto es una generalización pues, con moderación, el capitalismo necesariamente no es un sistema malo; el problema es que nos hemos convertido en unos obsesos en la persecución de los bienes materiales.

En el hinduismo, el logro de la seguridad física (Artha) es una de las cuatro responsabilidades o «chatars» ordenadas en cada hindú; las otras tres son Dharma, Kama y Moksha. Éstas son, respectivamente: el deber con los antepasados, parientes, niños y sociedad (Dharma); la persecución de la satisfacción emocional (Kama), y la meditación contemplativa que lleva a la autorrealización (Moksha).

La principal consideración en la que puede pensar es que estos cuatro objetivos no son muy especiales; de hecho, si considerara América principalmente como una sociedad cristiana, puede creer que esto es justo lo que desean otros países occidentales. La dificultad estriba en que cuando nos modernizamos estamos usando la persecución de la seguridad física (Artha) como una herramienta para lograr los otros tres objetivos, y esto no suele funcionar.

La pobreza es evidente en la India, pero no el empobrecimiento del ser, por lo que ser pobre en la India no es sinónimo de decadencia. El Pujas (rituales del hinduismo) sostiene que la dignidad de cada individuo asegura una existencia significativa dentro del todo. Los viejos valores antiguos siguen siendo válidos para nosotros, salvo que hayamos perdido todo en un mar de tecnología y obsesión económica. No quisiera que entendieran que quiero decir que la India no tiene problemas; ciertamente los tiene, pero son todos reparables, algo que nadie puede decir de nuestros problemas.

Nosotros podemos, a estas alturas, recordar nuestras implicaciones con la declaración de Carl Sagan: «La materia no es principalmente NADA.»

Cuando decimos que «la materia no es principalmente nada» podemos empezar a acercarnos a la característica original del valle de la creación. La filosofía india enseña que esa manifestación es una ilusión; un baile cósmico engañoso que tiene el potencial para engañar y entrampar al espectador.

Reiterando esto de la perspectiva de la física cuántica, alguien dijo que «no hay ningún nombre», refiriéndose a que una persona, lugar o cosa carece de la realidad sustancial y es un baile de átomos que posee sólo la fachada de solidaridad. Eso nos hace a todos «nadie».

A estas alturas puede pensar que estoy intentando persuadirle de que debe abandonar todos los aspectos del materialismo como un antídoto para el malestar psicológico y espiritual que descompone el tejido de la herencia. Nada de eso, pues el Tantra es la mejor manera de convertirse en héroe (vira), pues con ello no se teme a ningún aspecto de la vida. El tántrico busca la libertad (Moksha) a través de la vida (sensación, sensible, sensual) y no a través del escape (abstinencia, privándose, ausencia), usando el cuerpo como un instrumento de evolución. En palabras de un proverbio tántrico:

«Quien quiera subir debe empujarse primero con la ayuda de la tierra.»

Permítame recapitular, en respuesta a esto que puede parecer confuso:

- El dinero es un medio y no un extremo, pues una mortaja no tiene ningún bolsillo para guardar.
- Reduciendo todo a una empresa comercial, aseguramos la deshumanización y conseguiremos generar rasgos culturales destructivos en los que «nada importa».
- La sociedad occidental no sólo ha perdido su perspectiva por su afán de revolcarse en un pantano comercial, sino que algo más ha pasado en nosotros, por lo menos en nuestro optimismo por vivir.

- Cuando hemos llegado ya al siglo XXI lo hemos hecho perdiendo el sentido del miedo a la otra vida (no se teme aquello en lo que no se cree) y lo hemos cambiado por nuestro asombro por los progresos económicos y tecnológicos. Éstos, indudablemente, sólo nos servirán durante nuestra corta existencia, por lo que parece poco sensato apostar sólo por algo tan limitado en el tiempo.
- Ahora estamos más que nunca en la lucha de sexos y cada cual intenta actuar recíprocamente como hombre y mujer, olvidando lo esencial: que solamente somos seres humanos. Me temo que así seremos cada vez más animales de carga, todos empeñados en luchar contra el otro sexo, aunque esencialmente todos acaban buscando lo mismo y del mismo modo.
- Pero no creo que esto realmente sea lo que quieren los humanos, y lo más probable es que estemos manejados e influidos por los nuevos ancianos de las tribus, ahora llamados psicólogos y políticos. Ellos nos dictan lo que debemos pensar, sentir y, especialmente, necesitar materialmente, enfrentando con sus consejos a los matrimonios, a los movimientos políticos y a los ricos contra los pobres. Todo vale con tal de imponerse «al enemigo».

El doctor Swami Maharishi Gitananda, de la India, dio la mejor definición del amor que nos puede parecer extraña: «El amor es interés profundo.» Para entenderla debemos saber que esa frase del amor sobre «el interés profundo» sigue espontánea y naturalmente a «todo importa». Esto precisamente es lo que el conocimiento de la teoría tántrica puede aportar a los occidentales; la restauración de la santificación sexual en las relaciones (el sexo es bueno cuando existe el amor) y una aceptación del amor como un estado espiritual profundo, lo que nos lleva mucho más allá de esos cambios bioquímicos o flujos hormonales.

Lo que es especial sobre el Tantra son los nuevos horizontes que pueden abrirse, ventanas virtuales de oportunidad, cuando comprendemos que todo está relacionado.

Las similitudes sorprendentes entre el Tantra y la brujería moderna indican que las capas originales del inconsciente, en Oriente y Occidente, buscan satisfacción en un culto a la tierra que es matriarcal y feminista. Estos rasgos comunes nos llevan a un abandono en la comprensión de las necesidades del varón, excluyéndonos de cualquier aspecto emocional y espiritual intenso, delegándonos a la mera figura de burros de carga.

ÉXTASIS A TRAVÉS DEL TANTRA

Posiblemente crea que estoy exagerando en este aspecto de la desintegración social actual. Bien, si consideramos las estadísticas internacionales siguientes veremos que no es así: Australia, con una población aproximada de 18 millones de habitantes, tiene la proporción más alta de suicidio de jóvenes en el mundo industrializado, y eso que ni siquiera aparece entre las siete grandes potencias industriales.

Estados Unidos, con una población de más de 280 millones, tiene la mayor proporción de homicidios en el mundo. Alguien podría decir que el secreto estriba en la mayor facilidad para el suicidio y la violencia que tienen esos países, y no en la carencia de felicidad.

Pero desde mi punto de vista el problema no está ahí, sino en las presiones sociales y psicológicas que se ejercen sobre estas dos naciones. Cuando todo a nuestro alrededor nos bombardea con el estilo de vida idóneo, quienes no logran alcanzarlo se deprimen o emplean las armas para robárselo al vecino.

Paradójicamente, la India, con cerca de mil millones de habitantes, tiene, junto con Japón, la proporción más baja de homicidios, suicidios y crímenes violentos de cualquier país democrático y/o industrializado. Y eso a pesar de las historias de horror que frecuentemente leemos sobre la India y las diferentes guerras civiles continuadas y sangrientas.

Lo que se está descubriendo de especial sobre el Tantra implica un cambio de opinión de 180 grados en nuestra perspectiva. Hemos empezado con la pregunta sobre lo que es especial en el Tantra yuxtaponiendo dos declaraciones: «nada importa» contra «todo importa», aclarando que en el hinduismo, y por consiguiente en el Tantra, «TODO IMPORTA».

El sistema constitutivo cultural de la sociedad india está sólidamente basado en el axioma de que hay una razón para todo (vista o inadvertida) y todo es por una razón (karma). Toda actividad tiene distintos principios (oblación) y fines (celebraciones), que producen un sentido profundo de la totalidad, integridad e integración.

Más importante aún que el sacerdote es el jyotishi (astrólogo), pues estas autoridades denominadas literalmente «los señores de luz», varón y hembra, se consultan para todo: los nacimientos, matrimonios, prognosis médica, jornadas, empresas comerciales, decisiones políticas, la compra de casas, carrera, construcción y proyectos, así como el momento más propicio para las ceremonias religiosas y pujas.

El resultado es un consejo que nos habla de un sendero de vida en particular, adaptado a lo que tenemos y podemos tener, pero nunca tomando como referencia a nuestro prójimo. También, los astrólogos nos indican que somos una minúscula partícula en la creación, que nuestra vida es limitada carnalmente y que debemos cuidar nuestro espíritu si queremos llegar con plenitud a la otra vida. Por último, nos recuerdan la necesidad de respetar la vida en general, no solamente la humana, y de la importancia que tiene nuestra alma, lo único que es inviolable.

En ningún otro país tiene la gente mayor conciencia de la naturaleza que en la India, y eso que allí no existen los movimientos ecologistas. Ellos saben que ir en contra de la naturaleza siempre es negativo, lo mismo que no respetar a los otros seres vivos. No necesitan que se lo recuerden en la escuela ni con mensajes publicitarios, como tampoco tienen crisis existenciales.

TANTRA EN OCCIDENTE

Esta entrevista informativa sobre «Tantra en Occidente», efectuada por Chris Burgess al doctor Mumford, clarifica algunas cuestiones importantes:

1. ¿Qué es el Tantra?

Contestando a su pregunta, me gustaría explicar este concepto de modo académico, evitando los criterios populistas y las respuestas simplistas, superficiales, tan comunes sobre este asunto del Tantra. No sé si puedo tener éxito con ello, pero estoy encantado por tener la oportunidad.

Cuando nosotros empezamos usando la palabra Tantra tuvimos que aceptar que la mayoría de los occidentales conciben el Tantra como algo sexual, y a menudo no comprenden que Tantra es una filosofía india que incluye la sexualidad como un factor menor.

Pocas personas saben que Mark Twain visitó la India y su resumen era:

«El hindú puede parecer pobre para nosotros los occidentales ricos, pero en materias del espíritu somos nosotros los pobres y ellos los millonarios.»

Tenemos que enfrentarlos al hecho de que no solamente los indios (hindú, budista o Jain) son muy capaces de comprender el Tantra, pero ahora los europeos todavía están fuera de esa capacidad para comprender esta filosofía tan antigua.

De todas maneras, aunque la creencia de los occidentales para asociar al Tantra con la sexualidad no sea correcta, es un buen modo para interesarse por esta filosofía. Es mejor saber un poco de todo, que nada de todo.

Tantra probablemente es una doctrina con 2.500 años de antigüedad, aunque algunos expertos indologistas fechan los primeros textos antes del siglo VI a.C.

2. ¿Piensa que tiene alguna relevancia la práctica del Tantra dentro de la sociedad occidental moderna?

Tantra es una doctrina pertinente hoy porque representa una visión holística del universo como un baile cósmico personificado a través del varón (Shiva) y la hembra (Shakti).

Este Tantra se acerca actualmente a una mezcla con algunos paradigmas feministas y el reavivamiento del paganismo en Occidente. La Madre, Shakti divino o la reina suprema Kali, como un poder cósmico, encarnado, envuelve y protege a las mujeres. Por consiguiente, cada mujer está a favor de un altar viviente del culto a esa Madre divina.

3. Pero ese concepto de Madre ya lo tenemos con la Virgen María...

Pero la Madre de Jesús no hablaba nunca de sexo. Posiblemente ésta sea la mayor diferencia entre ambas divinidades.

4. ¿Y el varón?

El varón tántrico y la hembra son principios cósmicos duales. Ambos son aspectos de la Conciencia (varón) y la Materia (hembra), y en este modelo todo está dotado de alma: no hay nada muerto.

5. ¿Cómo ataca Tantra a la cultura occidental?

Esta posición tántrica se opone diametralmente a nuestro concepto racional y materialista occidental actual, eso que pomposamente llamamos «científico». Hemos reducido la vida a un terreno baldío y árido de consumismo y hemos tratado de eliminar a las religiones burlándonos de ellas.

La consecuencia de ello es que la existencia se ha vuelto un sin sentido y, ante la ausencia de un futuro prometedor en la otra vida, la humanidad solamente es capaz de ver el espejismo del mundo material.

6. ¿Hay alguna salida de espiritualidad para Occidente?

La única experiencia trascendental que hemos percibido está ligada con el sexo. El sexo es la volatilidad mágica que guarda la ilusión de la vida, pues muestra, literalmente, el nacimiento después del nacimiento. La visión tántrica, sin embargo, no se limita al determinismo biológico. El amor y la pasión son el truco necesario que emplea la naturaleza (maya) para asegurar la perpetuación de las especies. La visión de un bebé es, igualmente, otro potencial para ello, pues actúa como una chispa apasionada entre los amantes, pues saben que este pequeño ser es la consecuencia de su pasión.

«El orgasmo es la única experiencia espontánea, natural, de las personas, mientras que el nacimiento de un hijo es lo que nos hace inmortales, eternos.»

Yo conocí a un gurú que decía que, «si usted quitara a la Humanidad el sexo y el oro, la tierra dejaría de girar y se convertiría en una masa helada en el espacio.»

7. ¿Podemos hablar específicamente sobre un Tantra sexual?

El aspecto sexual del Tantra está sobre el hecho tangible y trascendente que hace que el vehículo físico de la carne, acoplado con la llamarada del amor, nos catapulte a un estado alterado y profundo de conciencia. Naturalmente, esto es mucho más fácil hablarlo que cumplirlo. Hay que admitir sin reservas que la actividad sexual humana es la fuerza más poderosa dentro de nosotros y que negarla o repudiarla nos llevará a un estado mental desquiciado. Como dijo San Agustín: «Hazme casto, señor, pero más tarde.»

El Tantra no es peligroso, pero la sexualidad puede serlo, aunque también puede ser maravillosa. La mayoría de nosotros sobrevive en pareja gracias a la intimidad y la sexualidad.

Los rasgos psíquicos de la sexualidad saturan cada aspecto de nuestra existencia y nos pueden llevar, simultáneamente, parcialmente o uno por uno, al éxtasis, alegría, desesperación, suicidio, anhelo, amor, asesinato, poder, arte, música, represión, supresión, revolución social y desintegración social.

8. ¿Puede enriquecer el Tantra nuestras relaciones?

Nuestra cultura europea ha llegado a un callejón sin salida temporal y ciertamente la desintegración social de algunos países dan el testimonio de ello. En estos lugares económicamente fuertes hay una profusión de clubes de relación-sexo y de contactos telefónicos que se anuncian en la televisión nocturna, que nos hacen pensar en que existe una necesidad de sexo no cubierta por los medios naturales y de relación social. Desde los años cincuenta existe un aumento en el número de crímenes pasionales inaudito y este nuevo fenómeno está convirtiéndose en algo de proporciones casi epidémicas. Esto es un síntoma de que la sociedad está totalmente despistada, pues aunque todos sabemos que el sexo es necesario para el bienestar corporal y mental de las personas, el comportamiento es absurdo. Muchas mujeres comercian con su cuerpo, mientras que los hombres acuden a ellas aunque dispongan de pareja. Se venden los productos mediante imágenes de modelos desnudos, la moda es sugestiva para mostrar los atributos sexuales y en las playas la muestra sexual es casi completa en ambos sexos. Visto esto desde las alturas, parecería que todo el mundo reconoce la importancia del sexo, pero hay más personas frustradas y carentes de sexo, que saciadas.

Con semejante atmósfera puede ser un refugio estupendo para las personas el Tantra, al menos para indicarnos cómo deben ser las relaciones humanas y las oportunidades espirituales profundas que podemos encontrar mediante una relación sexual y afectiva. Los aspectos más profundos del Tantra sexual no son algo que necesitemos aprender, pero aunque están en nuestra conciencia genética somos incapaces de darnos cuenta. Necesitamos, por tanto, una Biblia de las relaciones que nos haga descubrir lo que ya existe, aquello que forma parte de nuestro código genético.

Hay quien asegura que el sexo no es un impulso tan intenso como se describe, pero las pruebas que se han realizado en personas sometidas a hipnosis demuestran lo contrario. No hay nadie, cuando sus sentidos están adormecidos, que no tenga ese impulso sexual. Y eso mismo ocurre cuando la persona está bajo la influencia de cualquier depresor de los sentidos, como ocurre bajo el efecto de drogas o alcohol, ya que en estos momentos su comportamiento ante el sexo suele ser más intenso que en estado consciente.

Alguien, como es el caso de Colin Wilson, dice que descubrió que muchos genios han experimentado la sexualidad como un tónico para la mente y el cuerpo, aunque otros necesitaron prescindir de él para concentrarse en sus trabajos.

Ernest Hemingway describió París como «una fiesta móvil» y pienso que el Tantra sexual también es una «fiesta móvil» con algo que sirve para todos si lo cuidamos. Las personas deberían refugiarse más en los textos clásicos, en los filósofos, y verían lo decisivas que son para las personas las buenas relaciones sexuales.

9. ¿Hay «trabajo» en el Tantra sexual para todos?

No todos tenemos las mismas intensidades y resultados en la experiencia sexual, ni disfrutamos del arte culinario exótico, y no hay ninguna razón por la cual así deba ser. Hay revistas en las cuales esto del «Tantra» lo consideran como una cosa moderna, una moda exótica, y que gracias a ella se puede llegar a orgasmos múltiples y activar el punto «G». Hay que darse cuenta de que tras ello sólo hay deseos de ganar dinero rápidamente, pero ésta no es la línea correcta.

En realidad, nuestra cultura ha establecido un divorcio entre la mente y el cuerpo, un dualismo cartesiano entre el cerebro y la espina dorsal, entre la corteza cerebral y el sistema extremo, con lo cual han matado la intuición, nuestro tutor interno, la lógica, y han castrado nuestras emociones y capacidad de reflexión.

10. ¿Tiene la sexualidad un sentido espiritual profundo e inherente o un impacto místico en nosotros?

El Tantra reconoce profundamente e incluye los aspectos profundos de la actividad sexual humana mucho antes que lo hicieran Freud y Jung.

Este impulso vital surge a través de los siglos y existe en nosotros en lo más profundo, como una fuerza original. Hay una plaga reciente, que se ha denominado como Falso Síndrome de la Memoria Reprimida, con acompañamiento de fantasías y abuso de rituales, que lleva a la persona a ciertos arquetipos sexuales y enlaza la sexualidad con el misterio y la magia. La erupción de este «Síndrome» al final del milenio nos recuerda a Salem y la caza de Brujas de siglos anteriores.

Para muchos de nosotros todo lo que tiene que ver con la sexualidad es un imán irresistible y un objeto de fascinación total, pero esto hay que evitar llevarlo a un terreno puramente material y físico.

La evidencia de esta obsesión sexual queda demostrada actualmente por el horror de la prensa occidental que se complace en mostrar, con un frenesí ingobernable, los escándalos sexuales de las personas famosas, al menos mucho más que el resto del mundo. Mientras otros países están comprometidos con la vida y la muerte a causa de la guerra, con el genocidio y la pobreza, estas noticias que acaparan los escaparates de Occidente hieren la sensibilidad de las personas decentes.

Este poder que nos incorpora la Madre Naturaleza ha servido también antes para perpetuar la Historia y todos conocemos la vida de Helena de Troya («la cara que lanzó mil naves») y de Cleopatra, que primero abandonó a su amado y luego se suicidó. Estos dos ejemplos, sin olvidar a Salomé y la misma Eva, pertenecen al mundo antiguo, pero son una muestra de la gran cantidad de «Femmes Fatales» que han usado el sexo para lograr sus fines.

El misticismo de lo femenino es inherente al Tantra y, de hecho, a la cultura india. Nosotros tenemos motivos de asombro cuando repasamos la historia de Europa y nos damos cuenta de que nuestra sociedad actual no es distinta, nuevamente censurados por los grupos puritanos fundamentalistas y las feministas radicales. Son los mismos perros con distintos collares, pues unos consideran el sexo como algo propio de animales, mientras que otras solamente lo critican cuando las mujeres deciden, voluntariamente, usarlo como una profesión.

Mi cita favorita es:

«La desnudez de las personas es el trabajo de Dios.»

Por eso el Tantra puede servir muy bien a los intereses de la sociedad actual. El Tantra busca la libertad (Moksha) a través de la vida, de las sensaciones y la sensualidad, y no a través de la abstinencia, o la ocultación de los sentidos, pues usa el cuerpo como un instrumento de evolución.

11. ¿No puede ocurrir simplemente que muchas personas lo usan como una excusa para la satisfacción y la libertad sexual?

Más allá de la sombra de una duda, las personas emplean pretextos para justificar sus reprobables acciones, y esto lo vemos ahora con los actos vandálicos para realizar alguna reivindicación política o laboral. No podemos enmascarar nuestra promiscuidad sexual o infidelidad bajo criterios espirituales o de libertad personal.

12. ¿Hay una sexualidad «normal»?

Las personas no comprenden que las diferencias individuales constituyen paseos sexuales individuales y apetitos. No hay realmente una postura «normal» con relación al sexo y cada cual puede tener sus propios sistemas o remedios.

Otro concepto erróneo es pensar que solamente existe una edad para disfrutar del sexo, aunque esta opinión es muy subjetiva, y cada cual cree que precisamente la edad que tiene en ese momento es la mejor. También hay que darse cuenta de que la sexualidad cambia con la vida y los años, por lo que debemos entender que muchas personas escojan en algún momento, o durante toda su vida, la opción del celibato.

Algunas personas tienen poco o ningún interés por el sexo, y no hay que verlo como algo traumático, ni tratar de encontrar patologías en las que tan interesados están los psiquiatras. Contrariamente al bombardeo de los medios de comunicación, el sexo no tiene por qué dominar nuestras vidas, y ni siquiera ser una opción sin la cual no podemos alcanzar la felicidad.

FALACIAS

Se trata de un engaño, fraude o mentira con que se intenta dañar a otro, frecuentemente efectuada de modo sutil para que no se perciba claramente como tal y quede enmascarada bajo aspectos de normalidad. El hábito de emplear falsedades y mentiras para dañar al prójimo está muy extendido y lo podemos ver en esos corrillos de barrio, alrededor de una panadería o pequeña tienda, en la cual los vecinos se dedican a destrozar moral y éticamente a sus compañeros. Esta refutación falsa, basada en una prueba inadecuada, con un argumento aparente, se usa para confundir a las personas crédulas y a aquellas que están ávidas de encontrar defectos en quienes valen más que ellos.

Número Uno:

«Yo debo ser adecuado, moralmente correcto, plenamente competente en cualquier cuestión o trabajo, si quiero realmente ser considerado como persona con valor.»

Filosóficamente es indispensable que aprendamos a vivir con nuestros recursos y aceptar nuestros fracasos personales, pues no hay ninguna norma objetiva para que todo el mundo deba tener éxito en su vida. El éxito está determinado por cualquier cosa que se considera haya contribuido a darle la felicidad que necesita.

Posiblemente se diga que no ha conseguido materializar los sueños que tenía en la niñez, ni mucho menos aquellos que tenían sus padres con respecto a usted. Alguien dijo que un niño es justo un escrutinio de las ambiciones de los padres para ellos mismos.

Si su idea del éxito consiste en poner una tienda en la esquina y finalmente lo logra, entonces debe considerar que ha triunfado tanto como cualquier magnate de las finanzas. Vivir en un hogar feliz o ver cumplido el deseo de escribir un libro son dos cosas que puede considerarse como todo un éxito. El verdadero éxito, por tanto, es conseguir vivir de la manera en la que uno se encuentre satisfecho.

Nuestra sociedad promueve ideales contradictorios, como que «un ejecutivo joven y de éxito es un competidor cruel, un ganador modesto y un buen perdedor». Un pensamiento más razonado revela que la declaración anterior les está pidiendo a los individuos que se mantengan dentro de un armazón de personalidad, con rasgos exclusivos. Son un estereotipo diseñado por los psicólogos y, por tanto, una forma de engañar a las personas.

La clave es descubrir cómo usted puede conseguir cierta creatividad para diferenciarse de los demás. Cuando lo logre habrá conseguido desenvolverse en cualquier circunstancia, desde hacer un pastel hasta reparar un automóvil; desde la pobreza a la riqueza.

Número Dos:

«Necesito apoyarme en otras personas, especialmente en la familia, y por eso es necesario encontrar a alguien más fuerte que yo en quien pueda apoyarme.»

Tenga cuidado, particularmente las mujeres, con creer en esta idea. Uno solamente puede confiar en su propio mundo interior, pues no hay ningún estado, nación, sistema político, dogma religioso, compañero, político, pariente o amigo, que pueda o deba resolverle su vida. Usted, especialmente, debe evitar decir frases como: «Necesito un hombre que dé sentido a mi vida»; «Necesito alguien que apoye mis ideas»; «Quiero alguien que me comprenda»; «Para recuperar mi autoestima debo ser apreciado incondicionalmente», etc.

Éstas son las respuestas a sus pensamientos equivocados:

Usted no necesita ni un hombre, ni nada, para encontrar sentido a su vida. No delegue en nadie una responsabilidad tan alta y trate de encontrar la felicidad y la ilusión para vivir mirando en su interior. Su felicidad es asunto y labor exclusivamente suya.

Para sacar sus ideas de su mente y ponerlas en práctica es bueno buscar un mecenas, o un empresario, o un socio, pero sepa que el camino deberá recorrerlo usted solo. Le será de gran ayuda que le indiquen el camino a recorrer y hasta que lo pongan en el principio de la senda adecuada, pero no pida que, además, le lleven de la mano todo el tiempo.

Si nadie le comprende, posiblemente sea porque: a) no se explica nada bien; b) no está al lado de las personas adecuadas. Mi recomendación es que debe intentar estar satisfecho consigo mismo y no necesitará la comprensión de nadie.

Su autoestima, como la palabra lo dice, es asunto suyo, y usted deberá estimarse antes de pedir que lo hagan los demás.

El cambio es una ley fundamental de vida y la única dependencia admisible es aquella que va unida a su cuerpo. El objeto de todos los sistemas filosóficos es llevar al estudiante de un estado de dependencia a otro de independencia, pero ¿cuántos de nosotros hemos cruzado el río de la vida aferrados en solitario a una balsa?

Desde un punto de vista oriental la meditación consistente en el «Sat Gurú» o «Master Interno» es la voz que le permite construir un pilar de fuerza en su interior y realizar la transformación con los medios disponibles, tal como haría un alquimista.

De la misma manera que los humanos debemos aceptar que somos por naturaleza gregarios e independientes al mismo tiempo, la exclusión de la interdependencia de nuestras vidas promueve y activa las defensas de supervivencia y finalmente nos hace más felices. Una persona dijo en una ocasión que la salud mental consiste en la habilidad para trabajar y amar, y ambas actividades involucran una interacción con otros.

Número Tres:

«Como adultos es necesario que seamos amados y apreciados por cada persona importante que nos rodee.»

La condición humana nos anima a que hablemos frecuentemente de inseguridad y ansiedad, pues siempre estamos atrapados en mayor o menor magnitud en situaciones conflictivas. La persona insegura delegará su seguridad en otros, por lo que nunca conseguirá librarse de sus temores, y terminará sin amarse a sí mismo, aunque su actitud puede ser del agrado de otros.

Debemos admitir que siempre habrá alguien que nos detestará, quizá con una buena razón, pero la única aprobación sólida que necesitamos es la nuestra. ¿Está seguro de no detestarse a sí mismo? ¿Le parece lógica esa obsesión por gustar a los demás? Debería saber que el secreto para aquellos que quieren llegar a tener una gran autoestima, es seguir su propio camino y deseos, aunque solamente sean del agrado de unos pocos, o incluso de nadie. Pero no se preocupe, pues tarde o temprano todos encontramos nuestro pequeño o gran rincón en el cual somos apreciados precisamente por nuestras peculiaridades.

Hay quien dice que aquellos miembros de la sociedad que no siguen las reglas deben ser, cuando menos, marginados, y en ocasiones castigados. Ser diferente no es bien admitido en una sociedad que insiste en que debemos ser sociales y formar parte de algún grupo o comunidad. La personalidad es algo que todos tenemos, del mismo modo que cada uno tiene su propia huella dactilar que lo distingue del resto, pero solamente nos permitirán ejercerla para mejorar algo habitual, nunca para buscar senderos nuevos.

El punto más conflictivo es cuando la sociedad y las leyes castigan no solamente al villano o al ladrón, sino también a aquellas personas que, por diversas razones, están al margen de lo habitual: alcohólicos, prostitutas, homosexuales, personas divorciadas o, simplemente, desempleados. Un artículo publicado en Suecia, el país donde se dice que están los mejores servicios sociales y existen las leyes más permisivas, señala que lo peor que se puede ser allí es divorciado, varón y sin empleo, todo junto. Estos pobres (¿infelices?) no reciben ayuda ni del estado, ni de los amigos y en ocasiones ni de los centros de caridad.

Si usted acepta que algunas personas son intrínsecamente malas en lugar de infelices, o tienen el cerebro dañado, o su moral está libre de barreras, tenga cuidado con ellas porque no todos necesitan un amigo para encarrilarse. Hay personas tan genéticamente malignas que ni Jesucristo en persona las podría redimir. Pero debe tener cuidado con juzgar a las personas superficialmente, por las apariencias o por los comentarios de los demás, pues de hacerlo creará un infierno viviente en su vida.

Quizá a muchas personas les merezca la pena dedicarse a alguna actividad delictiva, aficionarse a las drogas y al alcoholismo, pero sepa que tarde o temprano su conducta se volverá contra ellos y su personalidad quedará tan dañada que vivirán infelices el resto de su vida. En la esfera de las emociones humanas y la actividad sexual sea cauto sobre su juicio moral, pues un día puede descubrir que se encuentra en la misma situación que ha condenado.

Número Cuatro

«Es una tragedia absoluta y una catástrofe personal cuando las cosas no son de la manera en que yo deseo que sean.»

¿Recuerda el viejo refrán que dice que los barrotes no hacen una prisión? La prisión es creada por las actitudes mentales, no las situaciones o el ambiente. Oscar Wilde dijo:

«Todos nosotros hemos nacido en la Tierra, pero algunos estamos mirando las estrellas.»

No se engañe con que la felicidad humana se logra mediante causas externas y que usted posee poca o ninguna habilidad para controlar sus dolores y tensiones. Aunque no siempre pueden erradicarse nuestros problemas en la vida, nuestras actitudes ante estos problemas pueden cambiarse.

La diferencia entre una tragedia que emocionalmente nos aturde y una tragedia similar que nos obliga a continuar viviendo adecuadamente, simplemente es una diferencia de perspectiva mental, o actitud. Evite convertir los problemas en algo insalvable.

Posiblemente piense que es muy fácil aconsejar que miremos a los problemas desde otro punto de vista, y que la felicidad depende solamente de nuestro interior, pero creo que hay mucha verdad en mis consejos. Sabemos que una misma situación o problema afecta a las personas de distinta manera, lo que indica que puede ser una cuestión de puntos de vista o de forma de encajar el asunto. Lo que quiero recalcar es que la mayoría de los problemas no pueden perturbarnos la vida definitivamente, no son una catástrofe total y que la palabra tragedia es solamente una mala pesadilla. Pero como dice una canción: «Ese problema que tan grave viste ayer es como un sueño, comienza a desvanecerse.»

RITUALES

MANTRA

Es una palabra utilizada por su efecto vibratorio en el ser humano. Este instrumento de pensamiento puede asemejarse a una oración mágica, aunque en origen parece ser que se refería más a un himno védico. La invocación Gayatri al sol, cantada al amanecer, es uno de los mantras más populares, aunque hay una gran diversidad que acompaña cada ritual hindú, del mismo modo que las religiones piden al dios para que les bendiga.

MAITHUNA

Es uno de los rituales más sagrados entre los que se pueden compartir con el otro ser, y si el ritual tiene éxito, es posible alcanzar la iluminación en una sola práctica.

PREPARACIÓN DEL TEMPLO

Se necesita un espacio especial reservado solamente para el ritual, pues después de unos cuantos rituales, simplemente por estar allí, se produce el fluir de los jugos.

Se debe usar siempre el mismo incienso, de sándalo o pachulí. Hay que ambientarlo con una luz suave de color rojo ámbar o violeta, y el lugar debe estar bien ventilado y confortable. Con dos almohadones se hace el altar, así como con dos velas rojas, un recipiente con rosas, cuadros de maestros espirituales con los que sienta conexión (pueden ser religiosos) o si no alguna imagen espiritual. Finalmente, se incorpora una campana ritual, estatuas de dioses simbólicos y, especialmente, hay que asegurarse de disponer de varias horas libres sin interrupción.

PREPARACIÓN DE LA COMIDA RITUAL

En una bandeja se colocan trozos de pescado del tamaño de un bocado, también trozos de carne, galletas, una botella de vino con dos vasos pequeños y semillas de cardamomo. Todo esto hay que dejarlo cerca de los almohadones en los que uno se va a sentar.

PREPARACIÓN DE LOS CUERPOS

Para que la oleada de la energía sea más alta hay que preparar ejercicios transmutadores durante varios meses. A continuación, tomar un baño caliente para limpiar los cuerpos; si se tiene pareja, pueden bañarse los dos juntos. Si se dispone de bañera con agua caliente y piscina de agua fría cerca, el cambio de caliente a frío producirá una poderosa carga de energía. Luego, si se acercan y se abrazan, saltarán chispas entre los dos.

Hay que tomarse tiempo para un masaje de cuerpo entero; los hombres tienen que usar perfume de almizcle y las mujeres pachulí, ya que son las fragancias más eróticas y sexuales, lo más parecido a las secreciones sexuales.

VESTIMENTA

La mujer debe utilizar un vestido del color del hibisco, la flor del símbolo del Tantra.

LOS AMANTES EN EL ARTE TÁNTRICO

Hay que usar joyas, vestirse con atuendos muy bonitos, pues la vibración de los metales y las piedras aumentan la energía solar y se convierten en oro puro.

La plata produce energía lunar y equilibra las energías.

El cobre representa la tierra.

Los tres metales juntos producen triángulos de energía. La mujer debe llevar un anillo en el dedo meñique del pie, porque está conectado directamente con el clítoris.

EL RITUAL DE LA ARENA

Es un método tradicional en la India, para crear una barrera protectora alrededor del templo ritual, entonar el mantra «om shiva jum», al mismo tiempo que se esparce un anillo de arena alrededor para sellar la zona, para contener las energías y protegerse de otras extrañas. Si no tenemos arena, podemos hacer una pared de luz blanca, que tiene la misma utilidad; pero hay que tener un espacio seguro porque en la práctica del ritual maituna uno está completamente abierto a su karma. Según comiencen a moverse los circuitos, ambas psiquis se abrirán simultáneamente cuando se hayan terminado los preparativos. Él se sentará entonces en meditación esperando que entre ella. Cuando lo haga, que sea muy despacio y majestuosamente, mirándole a los ojos para que ambos reconozcan la divinidad del otro a lo largo del ritual. En ese momento debe dejarse de lado cualquier conflicto mundano que haya en la relación mutua.

No se está pasando el tiempo con la personalidad temporal de la pareja sino con su esencia divina; por tanto, lo se reconozca en la pareja deben ser capas que existan igualmente en uno mismo.

Cuando se aplican estos principios de Pensamiento Racional es cuando nosotros podemos resolver el rompecabezas:

«¿Estamos nosotros en la prisión o está la prisión en nosotros?»

CHACRAS TRANSPERSONALES

Los chacras sobre la corona son considerados transpersonales, y a menudo iguales con las vibraciones más altas de luz y sonido. En algunos casos el chacra de Sahasrara se iguala con la corona de la cabeza y es por consiguiente de transición, o el chacra más alto personal o el transpersonal más bajo. En otros casos se localiza sobre la cabeza, y uno (¿o más?) de los chacras intermedios entre la corona y el Sahasrara. También hay referencias a seis chacras más bajos (Muladhara a Ajna), que son personales y asociados con el cuerpo o microcosmo, así como seis chacras más altos, empezando con el chacra de Sahasrara, que corresponde al arroyo más alto de luz y sonido.

NUEVAS INTERPRETACIONES

Ha habido un nuevo desarrollo en la interpretación de los chacras, con tesis que parecen bastante profundas, como la activación de los veinte sistemas del chacra con los cuerpos ligeros. Por ello, solemos movernos a través de los Cuerpos Ligeros que no tienen sonido, aunque existe una voz celestial dentro de cada uno, así como un Cuerpo Ligero Azul que transmuta el cianotipo físico y etérico.

Este Cuerpo Ligero Azul es similar, o al menos lo parece, a la «Plantilla Etérica» de Bárbara Brennan, que es la octava más alta del cuerpo etérico, mientras que el Cuerpo Ligero de color violeta transmuta los cuerpos emocionales y mentales que se mueven en la quinta dimensión.

El Cuerpo Ligero Blanco, que nos une a todos con la luz divina, promueve campos creativos de energía mediante una resonancia sincronizada, y el Cuerpo de Luz Dorada, su verdadero ser, es el ego solar y supone la ascensión a través del Sol Central. Este sol es una idea de la teosofía, una clase de sol excelente y divino que es el centro de nuestra galaxia, aunque hay algunos astrónomos que aseguran que hay un agujero negro macizo realmente en el centro. El Sol Central puede emplearse para representar la doctrina que nos habla simbólicamente de una deidad o conciencia de verdad, algo así como un supercerebro.

EL SEFIROT CABALÍSTICO

La opción de Sefirot nos invita a compararlo con los chacras tántricos, aunque el Kabbalah judío original no se preocupaba tanto por entender el microcosmo, como por los atributos teológicos del cuerpo de Dios. En el sistema del Alba Dorado del Qabalah, «el árbol de la vida» representa los diez Sefirot y veintidós caminos en un estilizado «mapa» de la conciencia. El ritual Sefirot nos habla de poderes psíquicos o arquetipos que, aunque cósmicos en su naturaleza, también se localizan dentro del cuerpo humano.

Es fácil darse cuenta de los muchos puntos en común entre Tantra y Qabalah, como por ejemplo la importancia que dan a la forma de Dios, a la visualización y otras prácticas mágicas, al cuerpo humano como un microcosmo del universo, y a clasificar detalladamente las sorprendentes correspondencias entre las situaciones corporales del Sefirot y los chacras. Por ejemplo, Malkhut parece relacionar al chacra bajo, Muladhara, con el Yesod o chacra genital.

CHACRAS Y SEFIROT

Se ha observado a menudo que el sistema entero de los chacras se corresponde a lo que el Sefirot dice del Kabbalah. Aunque hay muchos esquemas que numeran las similitudes, el más popular (y el más razonable) es igualar los siete chacras con los siete niveles del Árbol (no los diez Sefirot).

Sahasrara (alrededor de la cabeza) .. Keter
Ajna (ceja) .... Binah
Vishudda (garganta) .... Hokman
Aanhata (corazón) .... Tifaret
Manipura (ombligo) .... Netzah
Swadhisthana (genitales) .... Yesod
Muladhara (base de la espina) .... Malkhut

CONCLUSIONES FINALES

La dificultad de una ciencia unificada del chacra

Todavía no hay una ciencia ni una metodología coherente sobre el chacra que integre (convincentemente) todos los elementos. Cada uno explica qué son los chacras de un modo diferente:

1. Energía sutil (nadis, Kirlian o cuerpo etérico bioplasmático según los teosofistas rusos).
2. Algo que conecta en su totalidad con el sistema fisiológico (existen pruebas sobre las glándulas endocrinas o el plexo solar).
3. Es una función psicológica (puede estar ligada a las emociones, el intelecto, tal como los hinduistas y budistas piensan).
4. Se trata de una dimensión espiritual y algunos dicen que es el polo espiritual inactivo, y el fisiológico activo (más o menos). También, hay quien dice que estos centros no tienen ninguna función espiritual.
5. Relación con el micro-macrocosmo, una teoría que nos asegura que abriendo un chacra (polo no fisiológico) podemos llegar a una percepción total del universo, psíquico o espiritual.
6. Muchos tántricos insisten en que el modo de nuestra muerte indica si lograremos llegar a otros niveles de conciencia superiores.
7. Tampoco hay unanimidad con respecto al número de centros, su «aspecto», latencia o potencia.

ÍNDICE

Página